THÉATRE
CHOISI
DE FAVART.

TOME SECOND.

DE L'IMPRIMERIE DE LEBÈGUE,
RUE DES RATS, N° 14.

THÉATRE
CHOISI
DE FAVART.

> Dans les vers de FAVART on voit les fleurs écloses :
> C'est le fleuriste d'Apollon ;
> Vrai successeur d'Anacréon,
> Il cueille des lauriers en répandant des roses.
> VOISENON.

TOME SECOND.

PARIS,

LÉOPOLD COLLIN, Libraire, rue Gît-le-Cœur,
n° 4.

1809.

ISABELLE
ET GERTRUDE,

OU

LES SYLPHES SUPPOSÉS,

COMÉDIE EN UN ACTE,

MÊLÉE D'ARIETTES.

Représentée pour la première fois par les Comédiens Italiens ordinaires du Roi, le 14 août 1765.

AVERTISSEMENT.

Je n'ai garde de m'attribuer le mérite de cet Ouvrage : je n'en dois le succès * qu'à l'immortel Auteur qui m'en a fourni l'idée. Une seule étincelle de son génie suffit pour animer ; c'est le feu créateur.

J'ai la même obligation à M. de Marmontel. Tout ce qu'on a trouvé de plus piquant dans *Soliman* et dans *Annette*, n'appartient qu'à lui. *Il a fait naître les fleurs ; j'ai eu le bonheur de les cueillir.*

* M. de Voltaire.

A

M. DE VOISENON,

L'UN DES QUARANTE

DE L'ACADÉMIE FRANÇAISE.

O mon ami! le meilleur des amis! ce n'est point à l'ancienneté de votre famille, ni à vos distinctions que je rends hommage: c'est à vous-même; c'est à votre cœur, supérieur encore à votre esprit; c'est à cette amitié pure et solide qui fait mon bonheur, et que je préfère à tout, à la gloire même.

FAVART.

ACTEURS.

DUPRÉ.
DORLIS.
Madame GERTRUDE.
ISABELLE.
Madame FURET.
AMBROISE, jardinier qui ne paraît point.

La Scène est dans la maison de madame Gertrude.

ISABELLE
ET GERTRUDE,

COMÉDIE EN UN ACTE.

Le Théâtre représente un jardin agréable, mais qui a l'air d'une solitude. On y voit de grands arbres touffus qui forment des allées. A droite est un pavillon d'architecture sur une terrasse à laquelle on monte par cinq ou six degrés. Les portes sont vitrées, mais garnies de rideaux épais: ces portes, qui comprennent toute la façade du pavillon, laissent voir, lorsqu'elles sont ouvertes, l'intérieur du salon meublé avec élégance; on y découvre une toilette et deux siéges. Il y a une porte secrète qui répond à un petit sentier couvert de myrtes, de jasmin et de roses. Le ciel est sans nuages, et la lune, qui est dans son plein, paraît au-dessus des arbres, et éclaire tout le jardin.

SCÈNE PREMIÈRE.

(*On joue une ouverture, pendant laquelle on voit Dupré, couvert d'un manteau, avec une lanterne sourde à la main, monter par le petit escalier dérobé, et entrer avec mystère dans le pavillon, qui paraît éclairé un instant après.*)

DORLIS, *seul.*

Le cœur me bat de crainte et de joie. De quel côté tourner ?.... Si je savais le réduit qu'elle habite.... si je savais.... Je tremble d'être découvert. Il fait clair comme en plein jour. Rassurons-nous. Quoiqu'il soit encore de bonne heure, tout le monde doit être déjà retiré dans une maison aussi réglée que celle-ci. Tout doit dormir, excepté un cœur sensible, agité d'une douce inquiétude.

ARIETTE.

O nuit ! charmante nuit ! sois propice à l'amour,
Et tu seras, pour moi, plus belle qu'un beau jour.
    Dormez, dormez, cœurs insensibles,
Et laissez-nous jouir des plus heureux momens.
    O nuit ! sous tes ombres paisibles,
Assoupis les jaloux, éveille les amans ;
    Attire en ce lieu solitaire
    L'objet de mes plus chers désirs ;
    Cache l'amour et ses plaisirs
    Sous le voile épais du mystère.
    Mon cœur languit dans la souffrance.
    Quels maux on éprouve en aimant !
    Mais je préfère mon tourment
    Au néant de l'indifférence.

O, nuit ! etc.

Examinons d'abord le local. Voici un arbre plus haut que les autres : si j'y montais pour découvrir....

(*Il monte sur un arbre.*)

COMÉDIE.

SCÈNE II.

DORLIS, DUPRÉ.

DUPRÉ, *dans le pavillon, ouvre les portes, regarde une pendule, et dit*:

Il n'est que neuf heures et demie : il n'est pas si tard que je pensais.

DORLIS, *sur l'arbre.*

Voilà d'autres arbres qui m'empêchent de voir.

DUPRÉ.

Elle ne viendra pas d'une demi-heure : à quoi m'occuper en l'attendant ? Voilà un livre à côté de ce pot de rouge : *Les Pensées de Sénèque*. La morale s'accorde toujours avec le désir de plaire.

DORLIS.

Descendons.

DUPRÉ.

Quel est cet autre ouvert et marqué par une mouche de velours ? *L'Androgyne de Platon, ou maximes intellectuelles qui prouvent que le véritable amour consiste simplement dans l'union des ames.* Au diable soit l'ouvrage : il n'a rien de solide. *Notes sur le comte de Gabalis, où l'on traite de la réalité et de l'apparition des substances aériennes.* On reconnaît toujours les gens au choix de leurs livres.

DORLIS, *à part.*

Je vois ici de la lumière.

DUPRÉ, *à part.*

J'entends du bruit.

DORLIS, *à part.*

C'est un homme.

DUPRÉ.

C'est elle. Venez, venez donc, madame Gertrude.

DORLIS.

Madame Gertrude !

(*Dorlis, en voulant se sauver, renverse une chaise de jardin.*)

DUPRÉ.

Qui va là ? Que vois-je ! C'est Dorlis!....

DORLIS.

C'est vous, mon oncle Dupré ?

DUPRÉ.

Que viens-tu faire ici ?

DORLIS.

Et vous-même, mon oncle ?

DUPRÉ.

Commence par me répondre. (*A part.*) Vient-il pour m'espionner ?

DORLIS.

Madame Gertrude est-elle là ?

COMÉDIE.

DUPRÉ, *avec émotion.*

Non; pourquoi?

DORLIS.

Ah! mon cher oncle, je me confie à vous; ne lui dites pas que j'aime sa fille.

DUPRÉ, *à part.*

Il me rassure. (*Haut.*) Tu aimes sa fille? Ah! je savais, je savais bien; et c'est pour te surprendre que je viens ici tous les soirs.

DORLIS.

Tous les soirs? pour me surprendre? Allons, allons, mon oncle, cela ne se peut pas. Je n'ai point de confidens, vous n'êtes pas devin, et c'est la première fois que je me hasarde....

DUPRÉ.

Comment as-tu pu t'introduire?

DORLIS.

Après avoir essayé inutilement plusieurs clefs à la porte du jardin qui donne là du côté du bois, j'en ai heureusement trouvé une dans la ruelle de votre alcove, qui s'est rencontrée toute juste, toute juste.

DUPRÉ.

C'est une des clefs de ma bibliothèque; rends-là moi.

DORLIS, *d'un ton ironique.*

De votre bibliothèque?

ISABELLE ET GERTRUDE,

DUPRÉ.

Rends-la moi tout-à-l'heure.....

DORLIS.

La voilà, mon oncle; mais....

DUPRÉ.

Allons, allons, va-t-en; mais, non, non, reste. (*A part.*) J'ai encore le temps de l'interroger..... (*Haut.*) Isabelle est-elle d'intelligence ?

DORLIS.

Non. Je ne lui ai jamais parlé; vous savez qu'elle ne sort point sans sa mère, qui ne lui permet pas d'écouter un mot, ni de lever les yeux.

DUPRÉ.

Il est vrai.

DORLIS.

Mais cela n'a pas empêché qu'Isabelle ne m'ait remarqué. Elle m'a remarqué, mon oncle.

DUPRÉ.

Tu n'es qu'un petit sot.

DORLIS.

Ménagez le terme : on n'est point sot à vingt ans.

DUPRÉ.

Et tu crois qu'Isabelle ?.....

DORLIS.

ARIETTE.

De sa modeste mère
Elle a saisi le goût.
L'œil perçant du mystère
Ne voit rien, et voit tout.

COMÉDIE.

Ses timides prunelles,
Se glissant de côté,
Lancent des étincelles
De pure volupté.

DUPRÉ.

Hon, hon.

DORLIS.

Doucement tourmentée
De ses quinze ou seize ans,
Tendrement agitée
De ses transports naissans;
Ne pensant point encore,
Mais cherchant à penser,
D'un désir qu'elle ignore
Elle se sent presser.

DUPRÉ.

Hé bien?

DORLIS.

Lorsque je suis près d'elle,
Je la vois qui rougit;
Son embarras décèle
Que le penchant agit :
N'est-il donc pas possible
Qu'elle approuve mon feu?
Pour une ame sensible,
Rougir est un aveu.

DUPRÉ.

Oui-dà!

DORLIS.

Quand les yeux se répondent,
Ce langage est bien sûr;
Quand leurs traits se confondent,
Il n'est plus rien d'obscur;
Nos paupières baissées,
Nos regards n'en font qu'un :
Ames, cœurs et pensées,
Alors tout est commun.

DUPRÉ.

Il a raison.... (*Haut.*) Mais qu'espères-tu?

ARIETTE.

Téméraire!
Tu n'y penses pas.
Hélas! hélas!
Que vas-tu faire?
Respecte d'innocens appas.
Téméraire!
Tu n'y penses pas.
Hélas! hélas!

Quel espoir te conduit?
Tu vas affliger une mère,
Une mère si chère.
De tous ses soins veux-tu ravir le fruit?
Pourquoi troubler la paix d'une famille?
Tu suis dans l'air
Un éclair
Qui brille,
Et tu ne vois pas,
Hélas!
Des abîmes sous tes pas.
Téméraire!
Tu n'y penses pas.

DORLIS.

Calmez-vous : mes vues sont légitimes, et l'amour le plus pur, le plus constant....

DUPRÉ.

A quoi ton amour te servira-t-il? Madame Gertrude destine sa fille à une retraite perpétuelle.

DORLIS.

Ah! quel dommage! Et vous souffririez?.... Vous qui avez tant de pouvoir sur l'esprit de madame Gertrude?....

DUPRÉ.

Moi! Que veux-tu dire?

DORLIS.

Eh! là! là! j'aime, et je me connais en amans: vous n'êtes pas ici pour rien.

DUPRÉ.

Tu penses que l'honnête madame Gertrude?.....

DORLIS.

Les femmes honnêtes sont plus sensibles que les autres.

DUPRÉ.

Tu parles comme ces libertins qui ne croient jamais à la vertu des femmes. Madame Gertrude a-t-elle dessein de plaire? Vois avec quelle simplicité elle est mise.

DORLIS.

ARIETTE.

Oui, oui, le fard de la beauté
Est la décence et la simplicité;
L'art est de cacher l'art : c'est le moyen de plaire,
C'est le point nécessaire.
Il faut la voir,
Cette dame Gertrude;
C'est un miroir
Pour une prude:
Il faut la voir
Avec son grand mouchoir
Noir.
Il se plisse ou s'étend sous ses mains vertueuses,
S'ajuste, s'arrondit, prend des formes heureuses,
Et ménage des jours, des jours de volupté:
Le blanc, le noir.... l'œil en est enchanté.

Ainsi l'on voit, dans un bocage sombre,
Les rayons du soleil se jouer avec l'ombre.

Oui, oui, le fard de la beauté
Est la décence et la simplicité.

DUPRÉ.

Tais-toi, petit coquin ; tu en sais trop, et je vois bien qu'il ne te faut plus rien cacher. Oui, j'aime ; il est vrai, madame Gertrude : je crois en être aimé de même, sans qu'elle le sache ; mais tiens, je n'en suis pas plus heureux : c'est une espèce de philosophe femelle de trente-six à trente-sept ans, qui croit déjà qu'il n'est plus permis d'aimer à son âge ; une prude, qui n'est point médisante ; une femme encore aimable, qui ne parle que morale et vertu, et qui a une aversion pour tous les hommes.

DORLIS.

Je ne le crois pas, puisqu'elle n'en a point pour vous.

DUPRÉ.

Elle se borne aux plaisirs innocens de nos entretiens. Elle ne veut que l'union des ames.

DORLIS.

Voilà en effet une femme bien singulière ! Ma foi, mon oncle, si j'étais à votre place....

DUPRÉ.

Laisse faire, je ne désespère pas d'être bientôt son mari. Va-t-en ; nos intérêts sont communs. Ce n'est pas d'aujourd'hui que j'ai dessein de te faire épouser Isabelle ; c'est un parti qui te convient, tu lui conviens de même ; mais laisse-moi agir, ne te mêle de rien, et sois sage.

DORLIS.

Oh ! oui, sage, sage tant que vous voudrez, tant que je pourrai. Mais comment vous arrangez-vous pour votre compte avec madame Furet ? On dit que....

DUPRÉ.

Tà! tà! on dit, on dit ; je m'en embarrasse peu.

DORLIS.

Prenez-y garde, c'est l'espion du quartier : elle est de bonne guette au moins cette femme-là.

QUINQUE.

Mᵉ FURET.	AMBROISE, sans être vu.	DUPRÉ.	DORLIS.	Mᵉ GERTRUDE.
Holà! holà!	Qui va là ? qui va là ?	On frappe.	On sonne.	N'ouvre à personne.
Holà! holà!	On y va, on y va.			
Ne tardez pas.	Je suis là bas.	Quel embarras !	Quel embarras !	N'ouvre donc pas.

(*Dupré fait retirer Dorlis, s'enferme dans le cabinet, tire les rideaux et cache la lumière.*)

SCÈNE III.

MADAME GERTRUDE, MADAME FURET.

Mad. GERTRUDE.

C'est vous, madame Furet.... vous alarmez toute ma maison. Qui vous amène si tard ?

Mad. FURET.

Si tard ? Il n'est pas encore dix heures : c'est le temps de la promenade, et nous avons jusqu'à minuit.

Mad. GERTRUDE, *à part*.

Que vient-elle faire ici ? (*Haut.*) Je vous demande pardon ; mais nous nous retirons de très-bonne heure, et vous avez bien vu que mon vieux jardinier a été obligé de se relever pour vous ouvrir la porte.

Mad. FURET.

J'en suis bien fâchée pour votre vieux jardinier ; mais il est des cas....

Mad. GERTRUDE.

Quoi ? quelque nouvelle histoire scandaleuse ?

Mad. FURET.

Très-scandaleuse, je vous en assure.

Mad. GERTRUDE.

Eh ! Madame, pourquoi s'embarrasser des affaires d'autrui ? n'avons-nous pas assez des nôtres ?

COMÉDIE.

Mad. FURET.

ARIETTE.

Eh ! non, non, non, dame Gertrude,
Vous ne pouvez, sans bien penser,
Vous ne pouvez vous dispenser
De seconder l'exactitude
Dont j'ai toujours fait mon étude.
Eh ! non, non, non, dame Gertrude,
Vous ne pouvez, sans bien penser,
De ce devoir vous dispenser.

Car c'est enfin
Pour le bien du prochain,
Que je vais, que je vien,
Que je cours, que j'agis, que je veille.
Je viens d'apprendre, à l'instant,
Un secret important :
Je vais vous le dire à l'oreille ;
Tout bas, tout bas,
N'en parlez pas.

RÉCITATIF.

Pour suivre un amant téméraire,
Une jeune pensionnaire
A sauté les murs du couvent :
On l'a prise avec son galant.

DUO.

Mad. GERTRUDE.

J'entends, j'entends ; il faut se taire.

Mad. FURET.

Fort bien, fort bien ; ne disons rien :
Quand nous saurons tout le mystère,
Nous ferons éclater l'affaire.
Le scandale est toujours un bien.

Mad. GERTRUDE.

Il faut toujours, toujours se taire :
Vous n'avez point d'humanité.

Mad. FURET.

Nous ferons éclater l'affaire ;
Vous n'avez point de charité.

Mad. GERTRUDE, *à part*.

Il va venir, il est peut-être déjà venu. Quel embarras !

Mad. FURET.

Allons, allons, ranimez votre zèle ; on a amené ici tantôt devant M. Dupré, juge de la prévôté, le jeune homme et la jeune fille ; on dit qu'elle est du lieu. Courons nous informer........

Mad. GERTRUDE.

Eh ! que vous importe ? Ce n'est pas votre fille.

Mad. FURET.

Ma fille ! non, Dieu merci ; je n'ai pas attendu qu'elle eût l'âge de raison pour la mettre en lieu sûr ; elle est élevée avec la plus grande sévérité. Il y a douze ans que je ne l'ai vue, mais je sais qu'elle est bien.

Mad. GERTRUDE.

Ce n'est pas ma fille non plus ; je prends soin moi-même d'Isabelle : ainsi.... bonsoir, Madame.

Mad. FURET.

Comment ! bonsoir....

Mad. GERTRUDE.

Je ne m'inquiète que de ce qui me regarde.

Mad. FURET.

Mais, depuis quelque temps, vous êtes bien indulgente; et si je ne vous connaissais pas, j'aurais des soupçons. Des femmes vertueuses comme nous ne sont jamais indulgentes, à moins qu'elles n'aient besoin d'indulgence pour elles-mêmes; vous m'entendez.

Mad. GERTRUDE, *à part.*

Voilà une dangereuse créature! (*Haut.*) Et moi, si je ne vous connaissais pas, je croirais que vous n'êtes à l'affût des défauts d'autrui, que pour trouver des excuses à vos propres faiblesses; mais à Dieu ne plaise.

Mad. FURET.

Je n'ai rien à me reprocher.

Mad. GERTRUDE.

Ni moi non plus.

Mad. FURET.

Vous êtes dans de faux principes, ce n'est pas de soi qu'il faut s'occuper; il faut s'oublier, se sacrifier pour le bien général. Eh! tout serait perverti, s'il n'y avait pas des ames assez courageuses pour démasquer le vice. C'est par-là que l'on opère de bonnes actions.

Mad. GERTRUDE, *à part.*

Je suis sur les épines.

Mad. FURET.

Par exemple, Damon, ce jeune libertin, c'est moi qui l'ai fait déshériter, pour lui ôter les moyens d'être vicieux; et par mes conseils on a donné tous ses biens à d'honnêtes personnes, qui ne cesseront de faire des vœux pour son amendement.

Mad. GERTRUDE.

Ah! quelle horreur!

Mad. FURET.

Oui, c'était une horreur; et cette madame Doucet qui jouait la prude, n'ai-je pas découvert qu'elle était....

Mad. GERTRUDE.

C'en est assez; permettez que je vous quitte.

Mad. FURET.

Je ne vous quitterai point que nous ne soyions au fait de l'aventure de la jeune pensionnaire. Courons de ce pas chez M. Dupré; il ne me cachera rien, car il doit m'épouser.

Mad. GERTRUDE.

Vous épouser! (*à part*) Je suis anéantie!

Mad. FURET.

D'où vient cette surprise? Si vous avez juré de ne jamais vous remarier, moi je n'ai juré de rien. Eh! croyez-moi, vous ne feriez peut-être pas si mal de vous remarier, car....

Mad. GERTRUDE.

Que voulez-vous dire avec votre car ? Une femme prudente ne se marie pas deux fois.

Mad. FURET.

Une femme raisonnable se marie quand elle en trouve l'occasion ; c'est ce que j'ai bien dessein de faire, quand ce ne serait que pour corriger des maris. Allons, venez, venez.

Mad. GERTRUDE.

Je ne puis. Un étourdissement.... une faiblesse....

Mad. FURET.

Une faiblesse ! je ne vous abandonne point ; je passerai la nuit près de vous.

Mad. GERTRUDE.

Cela.... cela se passe ; allons, je suis prête à vous suivre, puisque vous le voulez. (*A part.*) C'est le moyen de m'en défaire.

Mad. FURET.

Mais non, ne vous risquez point ; c'est peut-être le serein qui vous incommode. Entrons dans ce pavillon.

Mad. GERTRUDE.

(*Madame Gertrude retient brusquement madame Furet, qui est prête à entrer dans le pavillon.*)

Eh ! non, non. Je me sens mieux. (*A part.*) Ah ! la maudite femme !

Mad. FURET.

Que dites-vous?

Mad. GERTRUDE.

Rien, rien, ma bonne amie; partons.

Mad. FURET.

Prenons le plus court, passons par la fausse porte de votre jardin.

Mad. GERTRUDE.

Je n'ai garde. (*A part.*) C'est par-là qu'il vient; elle le rencontrerait peut-être. (*Haut.*) Traversons plutôt la grande rue.

Mad. FURET.

Pourquoi?

Mad. GERTRUDE.

C'est que cette porte est voisine du bois. On dit qu'il rôde là toute la nuit des gens mal intentionnés.

Mad. FURET.

Vous avez raison. J'oubliais de vous dire que l'on a vu plusieurs fois un homme essayer des clés à cette porte-là.

Mad. GERTRUDE.

O Ciel! sait-on qui c'est?

Mad. FURET.

Je le saurai bientôt; j'ai mes espions : comme je dois être dans peu la femme de M. Dupré, je lui épargne déjà le soin de veiller sur les habitans. Remerciez-moi de la peine que je prends pour vous.... embrassez-moi donc.

Mad. GERTRUDE.

De tout mon cœur (*A part.*) Ah! si je pouvais, sans blesser ma conscience....

Mad. FURET, *à part.*

Si je pouvais trouver l'occasion de l'humilier. (*Haut.*) Allez, soyez tranquille.

ARIETTE.

Rien n'échappe à ma vigilance.
Vous devez calmer votre esprit ;
Je sais tout ce qu'on fait, tout ce qu'on dit,
Tout ce qu'on pense.
Je pénètre tous les secrets :
J'aurai soin de vos intérêts.

Mad. GERTRUDE.

Eh! non, non; je vous en dispense.

Mad. FURET.

Vous êtes d'une nonchalance....
Mais........
Rien n'échappe à ma vigilance, etc.

(*Elles sortent.*)

SCÈNE IV.

DORLIS, DUPRÉ.

DORLIS.

Mon oncle? mon oncle? elles sont parties.

DUPRÉ.

Te voilà encore?

DORLIS.

Elles sont parties.

DUPRÉ.

Elle en aura pour quatre heures avec cette babillarde.

DORLIS.

Tant mieux, tant mieux, nous voilà maîtres de la maison. Je pourrai lui parler, n'est-il pas vrai?

DUPRÉ.

Point du tout. Isabelle est enfermée, et quand elle ne le serait pas, crois-tu que sa mère....

DORLIS.

Ah! quelle cruelle mère!

DUPRÉ.

Elle a raison.

ARIETTE.

On ne peut jamais
Veiller de trop près
Gentille fillette
Que l'Amour guette.
Un moment, dès qu'on l'abandonne,
De petits séducteurs un nombre l'environne.
Leur essaim à l'entour bourdonne :
Ils n'attendent que l'instant
De surprendre un cœur innocent.
On les voit mépriser un bien qu'elle regrette,
Quand ils sont satisfaits.
Ainsi je répète
Qu'on ne peut jamais
Veiller de trop près
Gentille fillette
Que l'Amour guette.

COMÉDIE.

DORLIS.

Avec votre permission, mon cher oncle, que je voie s'il ne me sera pas possible de lui dire un mot.

DUPRÉ.

Écoute : nous nous brouillerons très-sérieusement, si tu ne te retires.

DORLIS.

Non, mon cher oncle, nous ne nous brouillerons pas; vous êtes trop prudent pour cela. Si j'aime Isabelle, vous aimez madame Gertrude; et comme vous avez fort bien dit tantôt, nos intérêts sont communs; vous avez mon secret, j'ai le vôtre.

DUPRÉ.

Ne fais donc point d'éclat.

DORLIS.

Non, non. Quand il faudra m'en aller, je m'en irai tout doucement; je n'ai fait que pousser la porte.

(*Dorlis se retire dès qu'il entend madame Gertrude.*)

SCÈNE V.

DUPRÉ, madame GERTRUDE.

Mad. GERTRUDE.

Ambroise, je vous chasserai, si vous osez encore ouvrir à quelqu'un sans mon ordre.

DUPRÉ.

Ah! ma chère Madame, que vous m'avez donné d'inquiétude!

Mad. GERTRUDE.

Laissez-moi, Monsieur.

ARIETTE.

Rompons ensemble.
Tout se rassemble
Pour me troubler,
Pour m'accabler.
Je suis à plaindre,
J'ai tout à craindre ;
Mais je vous vois
Pour la dernière fois.
Rompons ensemble, etc.

DUDRÉ.

Mais quel malheur imprévu
A donc pu
Alarmer, effrayer votre vertu ?

Mad. GERTRUDE.

Ah! que les gens
Sont bien méchans!
Je n'ai point cru
Le siècle si corrompu.

DUPRÉ.

Mais quel malheur imprévu
Peut si fort alarmer, effrayer votre vertu ?

Mad. GERTRUDE.

En vain j'ai donc prétendu
Mériter, remporter le prix de la vertu.

DORLIS, *dans l'éloignement.*

La bonne occasion ! Tentons fortune pendant qu'ils sont là.

DUPRÉ.
Que je sache du moins......
Mad. GERTRUDE.
Laissez-moi, vous dis-je, vous n'êtes plus digne de mon estime.
DUPRÉ.
Qu'avez-vous à me reprocher ?
Mad. GERTRUDE.
Rien, Monsieur.
DUPRÉ.
Mais encore ?
Mad. GERTRUDE.
Eh bien, tout, Monsieur, tout. Allez trouver madame Furet : elle est chez vous, elle vous attend.
DUPRÉ.
Madame Furet !
Mad. GERTRUDE.
Après tout, que m'importe ? Vous êtes votre maître. Epousez-la, Monsieur, épousez-la.
DUPRÉ.
Le Ciel m'en garde.
Mad. GERTRUDE.
Ne lui avez-vous pas promis ?
DUPRÉ.
Rien. C'est un projet qu'elle s'est formé, et que j'ai feint d'approver pour lui donner le change, et l'empêcher de soupçonner notre liaison innocente.

Mad. GERTRUDE.

L'intention serait pardonnable. (*en s'adoucissant.*) Me dites-vous vrai ?

DUPRÉ.

Je vous le proteste.

Mad. GERTRUDE.

Vous me rassurez pour vous ; mais je ne suis pas tranquille pour moi-même. Cette femme épie nos actions.

DUPRÉ.

N'appréhendez rien.

Mad. GERTRUDE.

ARIETTE.

Femme curieuse,
Femme envieuse,
Aigre, bigotte,
Cagotte ;
Oh ! c'est, en vérité,
Trois fléaux pour l'humanité.
Agissante
Par oisiveté ;
Médisante
Par vanité ;
Méchante
Par charité.

Oh ! c'est, en vérité,
Trois fléaux pour l'humanité.

DUPRÉ.

Bon ! bon ! ma prudence mettrait en défaut cent Cerbères comme madame Furet.

COMÉDIE.

Mad. GERTRUDE.

Je suis dans une agitation qui m'ôte la force de me soutenir.

DUPRÉ.

Venez vous reposer dans votre pavillon.

(*Elle monte dans son pavillon; Dupré lui donne un siége, elle s'assied, ôte sa coiffe nonchalamment, et soupire. Dupré prend la lumière qu'il avait cachée, la remet sur la table, avance une chaise pour lui, et se place à côté de madame Gertrude.*)

SCÈNE VI.

DORLIS, *seul.*

Je cherche en vain. De ce côté je ne vois que des murs. Ne nous rebutons point ; voyons encore par ici.

SCÈNE VII.

Madame GERTRUDE, DUPRÉ.

Mad. GERTRUDE.

Et sincérement vous n'avez point d'idées de mariage ?

DUPRÉ.

Mais, Madame, je vous avouerai que j'en ai quelquefois..... assez souvent.

Mad. GERTRUDE.

Qui peut vous inspirer ces idées?

DUPRÉ.

Si c'était vous, Madame?

Mad. GERTRUDE.

Et vous prétendriez..... Vous n'y songez pas. Si vous m'épousiez.... vous auriez des volontés. Je n'en aurais plus; l'hymen engage, et je ne serais plus digne de la perfection où j'aspire.

DUPRÉ.

En seriez-vous moins heureuse?

Mad. GERTRUDE.

Eh! que diraient de moi nos femmes de bien qui n'épargnent personne?

DUPRÉ.

Tout ce qu'elles voudraient.

ARIETTE.

Sans soucis, vivre pour soi,
Jouir de soi-même,
Faire du temps un bon emploi,
Être heureux, voilà ma loi:
C'est un bon système.
Qu'importe ce qu'on dit de moi,
Qu'importe ce qu'on dit de moi,
Quand du temps je fais bon emploi,
Et quand je jouis de moi-même.

Que sotte,
Dévote,
Bigote,
Jabote,
Médise,
Méprise,
S'épuise
En aigreur ;
Jamais je n'écoute
Sa vaine clameur.
Tranquille, je goûte
Le repos du cœur.
Jouir de soi-même,
Voilà le système
Qui fait mon bonheur.
Oui, c'est le système
Qui fait le bonheur,
Qui fait le bonheur.

Mad. GERTRUDE.

Je vous croyais une ame plus dégagée....

DUPRÉ.

Vous me faites bien de l'honneur, Madame; mais...

ARIETTE.

En vous voyant, il ne m'est pas possible
De résister à l'attrait du plaisir;
Si la nature a fait mon cœur sensible,
Est-ce de moi que dépend un désir ?
Un mot flatteur qui sort de votre bouche,
Un doux regard de ces yeux séduisans,
Et cette main, cette main que je touche.....

(*Madame Gertrude, après s'être laissé toucher la main, la retire.*)

Ah! tout en vous doit excuser les sens.

Mad. GERTRUDE.

Monsieur Dupré, il est dangereux de raisonner sur ces sortes de matières ; laissons cela.

ISABELLE ET GERTRUDE,

DUPRÉ.

Et vous-même, Madame, êtes-vous exempte des impressions ?....

Mad. GERTRUDE.

Moi !

DUPRÉ.

Vous respirez le parfum d'une rose,
Et des oiseaux le chant sait vous ravir.
Sur votre sein cette gaze est moins close,
Quand vous sentez l'haleine du zéphir.
Cueillez un fruit, c'est votre goût qu'il flatte;
Levez les yeux, vous admirez le jour :
Sur tous les sens vous êtes délicate,
Et votre cœur se refuse à l'amour!...

Mad. GERTRUDE.

Vous me tenez un langage bien étonnant.

DUPRÉ.

Bien naturel ; et quand on est aussi aimable que vous....

Mad. GERTRUDE.

Ah! à mon âge, on ne l'est plus, on ne l'est plus.

DUPRÉ.

On ne l'est plus !....

Mad. GERTRUDE.

Laissons cela. Pour rectifier vos idées, lisez, je vous prie, les remarques que j'ai faites. Si vous ne vous y conformez pas entièrement, nous cesserons de nous voir.

DUPRÉ.

Cesser de nous voir! ah! lisons, lisons.

SCÈNE VIII.

ISABELLE, Mad. GERTRUDE, DUPRÉ.

ISABELLE.

ARIETTE.

Quel air pur ! le ciel est tranquille ;
La paix règne dans cet asile.
Quel air pur ! le ciel est tranquille ;
Mais, hélas !
Mon cœur ne l'est pas.

Mad. GERTRUDE, *à Dupré.*

Qu'en dites-vous ?

DUPRÉ.

Tout confirme votre système, et je vois bien qu'il faut que je me corrige. (*Il prend la main de madame Gertrude.*)

Mad. GERTRUDE.

A la bonne heure. Mais que faites-vous donc ?

DUPRÉ.

Rien, rien ; je me corrige.

Mad. GERTRUDE.

Vous baisez ma main, Monsieur ?

DUPRÉ.

Point du tout : c'est pour m'accoutumer à triompher de moi-même ; et c'est votre ame qui reçoit mon hommage.

Mad. GERTRUDE.

Passe pour cela.

ISABELLE.

Ma mère est ici avec quelqu'un !

DUPRÉ.

Et ces yeux si doux, que vous avez la bonté de fixer sur les miens ; ces yeux où je crois voir la pureté du ciel, ce n'est pas eux que j'admire : c'est encore votre ame ; c'est cette candeur, cette vertu !

Mad. GERTRUDE.

Passe pour cela.

DUPRÉ.

Malgré la douleur de votre veuvage, vous êtes encore....

Mad. GERTRUDE, *en soupirant.*

Ne me parlez pas de cela. Mon veuvage !.... Ah !

ISABELLE.

Ma mère soupire, elle a du chagrin.

DUPRÉ.

Me trouvez-vous encore si coupable ?

Mad. GERTRUDE.

Non ; et puisque vous pensez enfin comme je le désire, Dupré, mon cher Dupré, vous faites mon bonheur.

ISABELLE.

Ma mère est heureuse ; que je suis contente !

SCÈNE IX.

DORLIS, ISABELLE, Mad. GERTRUDE, DUPRÉ.

DORLIS.

Toutes mes recherches sont inutiles : mais c'est elle, c'est elle-même ; quel bonheur ! St ! st !

(Il tire Isabelle par la robe ; elle fait un cri.)

ISABELLE.

Ahi ! *(Dorlis s'enfuit.)*

Mad. GERTRUDE, à *Dupré.*

Disparaissez pour un moment.

(Dupré se sauve par la fausse porte du pavillon.)

SCÈNE X.

MADAME GERTRUDE, ISABELLE.

Mad. GERTRUDE.

Que faites-vous ici, ma fille ?

ISABELLE.

Ma mère, je ne pouvais dormir ; je me suis relevée,

j'ai trouvé la porte de ma chambre ouverte, je suis descendue dans le jardin pour prendre le frais.

Mad. GERTRUDE, *à part.*

J'ai oublié de la fermer ; c'est cette madame Furet qui en est cause, elle m'a tourné la tête. (*Haut.*) Vous êtes descendue sans ma permission ?

ISABELLE.

Vous n'étiez pas là, ma mère.

Mad. GERTRUDE.

Et vous m'écoutiez ?

ISABELLE.

Oui, ma mère ; j'ai vu de la lumière dans votre pavillon, je me suis approchée, je vous ai entendu soupirer : cela m'a fait de la peine ; et puis vous avez dit que vous étiez heureuse : cela m'a fait plaisir ; et puis, comme j'allais m'approcher encore, il m'a semblé que quelqu'un me tirait par ma robe, et cela m'a fait peur.

Mad. GERTRUDE.

Vous êtes une petite visionnaire ; avez-vous vu quelqu'un avec moi ?

ISABELLE.

Non, mais on vous parlait.

Mad. GERTRUDE.

On me parlait ! et que me disait-on ?

COMÉDIE.

ISABELLE.

Je n'ai pas compris.

Mad. GERTRUDE.

Allez, allez; remontez à votre chambre.

ISABELLE.

Ah! ma mère, restons encore un moment : je vous prie de me dire une chose.

Mad. GERTRUDE.

Quoi?

ISABELLE.

Quel est donc ce Dupré qui rend les gens heureux? Est-ce M. Dupré, le juge de la prévôté?

Mad. GERTRUDE.

Quelle idée! L'avez-vous vu?

ISABELLE.

Non, mais j'ai cru reconnaître sa voix.

Mad. GERTRUDE, *à part.*

Que lui dirai-je? Heureusement elle est simple, et je lui ferai accroire ce que je voudrai.

ISABELLE.

A quoi pensez-vous donc, ma mère?

Mad. GERTRUDE.

Je songe à l'importance du secret que j'ai à vous révéler : c'est un mystére que je dois cacher à tout autre. Faites-moi serment....

ISABELLE.

Il est tout fait : la volonté de ma mère est un serment pour moi.

Mad. GERTRUDE.

La voix que vous avez entendue est celle de M. Dupré, sans être la sienne.

ISABELLE.

Je ne comprends pas.

Mad. GERTRUDE.

N'avez-vous pas lu le livre que je vous ai donné ?

ISABELLE.

Ah ! oui : le comte de Gabalis, qui dit qu'il y a des Sylphes, des Esprits aériens, des Intelligences : cela m'a amusée ; mais est-ce que tout cela est vrai ?

Mad. GERTRUDE.

Oui, ma fille. Quand on a toujours eu une conduite sans reproche, quand la vertu seule a toujours dirigé nos actions et nos moindres pensées, ô ma chère fille ! notre ame alors s'élève au-dessus d'elle-même ; elle s'épure et devient digne d'un commerce intellectuel avec des Intelligences supérieures à notre être, qui nous consolent dans les amertumes de la vie.

ISABELLE.

Ah ! ma mère, j'ai grand besoin aussi de consolation.

COMÉDIE.

Mad. GERTRUDE.

Vous ! Eh ! que vous manque-t-il ?

ISABELLE.

Rien.

Mad. GERTRUDE.

Désirez-vous quelque chose ?

ISABELLE.

Je crois que oui.

Mad. GERTRUDE.

Quoi ?

ISABELLE.

Je n'en sais rien ; mais....

ARIETTE.

Un secret ennui me dévore,
Quand je m'abandonne au sommeil ;
Et le matin, à mon réveil,
Je suis plus inquiète encore.
Je ne sais d'où vient ma langueur ;
Mais je soupire,
Mais je désire.
Si rien ne satisfait mon cœur,
Maman, maman, quel est donc le bonheur !

Mad. GERTRUDE.

Ma fille, éloignez ces idées : ce sont des piéges des mauvais Génies.

ISABELLE.

Des mauvais Génies ! Vous me faites trembler. Il est bien mieux de s'entretenir comme vous avec des Sylphes, des Esprits purs ; mais je n'imagine pas comment des Esprits parlent.

Mad. GERTRUDE.

Ils empruntent les organes des hommes, et nous apparaissent ordinairement sous une figure qui nous est familière, comme celle d'un parent, d'un ami.

ISABELLE.

Comme celle de M. Dupré ?

Mad. GERTRUDE.

Oui, oui.

ISABELLE.

Et que dit M. Dupré, quand on lui prend sa figure ?

Mad. GERTRUDE.

Il n'en sait rien; ce n'est qu'une apparence.

ISABELLE.

Mais vous m'avez dit que l'on devait fuir jusqu'à l'apparence des hommes ; et cette apparence....

Mad. GERTRUDE.

Il n'y a rien à craindre quand on est sage.

ISABELLE.

Ah! ma bonne maman, que vous me faites aimer la vertu ! Mais si je suis bien sage, bien sage, aurai-je aussi une Intelligence ?

Mad. GERTRUDE.

Je l'espère ; et pour vous faire parvenir à l'état de perfection que mérite un si rare avantage, vous irez demain au couvent. Oui, c'est là, ma chère enfant, que l'on trouve un abri sûr contre le souffle empoisonné d'un monde dangereux.

ARIETTE.

Comme une rose,
La naïve pudeur,
Quand on l'expose,
Perd bientôt sa fraîcheur.
Ah! pour flétrir l'éclat d'une si rare fleur,
Il faut si peu de chose!
Conserve donc l'honneur
Comme une rose.

ISABELLE.

Mais au couvent il y a donc aussi des Esprits aériens qui font le bonheur des filles ?

Mad. GERTRUDE.

Oui.

ISABELLE.

Et comment cela donc ?

Mad. GERTRUDE.

Ils apparaissent en songe.

ISABELLE.

Il faudra donc que je dorme toujours? Mais vous ne dormiez pas, vous, quand, tout-à-l'heure....

Mad. GERTRUDE.

Laissons cela, ma fille. Il est temps de vous retirer.

ISABELLE.

J'ai encore une chose à vous demander : Pourquoi ne voulez-vous pas que l'on sache le bonheur que vous avez ? cela exciterait les ames à la vertu.

Mad. GERTRUDE.

Non. Je ne ferais qu'exciter l'envie; et comme tout le monde n'est point digne de la faveur que je reçois, je dois en faire un mystère, pour n'humilier personne.

ISABELLE.

Ah! que c'est bien dit, maman! je vais méditer là-dessus jusqu'à demain.

Mad. GERTRUDE.

C'est fort bien; mais laissez-moi, j'ai encore quelques lectures à faire.

ISABELLE.

Vous veillez toujours trop tard; votre santé m'inquiète : retirons-nous ensemble.

Mad. GERTRUDE.

Soit. (*à part.*) Que je me reproche d'être obligée de tromper ma fille! Je prends mon parti; je vais congédier pour jamais Dupré. L'éducation d'une fille doit être plus chère que tout.

ISABELLE.

Mais, qu'est-ce que vous avez donc? vous parlez toujours toute seule.

Mad. GERTRUDE.

Paix! je n'ai pas encore fait ma ronde, je vais voir si tout est bien fermé; attendez-moi là, et ne quittez point que je ne vous appelle, ou que je ne revienne vous chercher.

SCÈNE XI.

ISABELLE, DORLIS.

ISABELLE.

(*Isabelle réfléchit; et, pendant ce temps, Dorlis paraît et suit des yeux madame Gertrude; ensuite il revient, et se cache derrière un arbre.*)

Hélas! que n'ai-je assez de vertu pour mériter comme ma mère!...... Je me perds dans mes réflexions.

DORLIS.

Elle se promène dans le fond du jardin : profitons de l'occasion.

DORLIS.

ARIETTE.

Isabelle ? Isabelle ?

ISABELLE.

Qui m'appelle ? qui m'appelle ?

DORLIS.

O ma chère Isabelle !
Ne craignez rien d'un cœur fidèle.

ISABELLE.

Que ces accens me semblent doux !

ISABELLE ET GERTRUDE,

DORLIS.

Ne craignez rien d'un cœur fidèle:
Il ne respire,
Il ne soupire
Que pour vous.

ISABELLE, *à part.*

Flatteuse espérance !
(*Haut.*) Offrez-vous à mes yeux.

DORLIS, *paraissant.*

Momens délicieux !

ISABELLE, *étonnée.*

C'est Dorlis ou son apparence.
Je ne sais si c'est une erreur ;
Mais ces traits sont chers à mon cœur.

DORLIS.

Approuvez ma sincère ardeur ;
Ces instans sont chers à mon cœur.

ISABELLE.

Je suis toute tremblante.

DORLIS.

Rassurez-vous : l'amour qui m'anime....

ISABELLE.

L'amour qui vous anime !.... L'amour, est-ce une Intelligence ? Ne me trompez point.

DORLIS.

Moi vous tromper ! ô ciel ! Oui, c'est l'Intelligence la plus pure..... Oui, c'est l'Amour lui-même qui remplit mon cœur, qui pénètre mes sens, qui entraîne vers vous toutes mes pensées, tous mes désirs ;

et qui s'empare enfin pour vous seule de toutes les facultés de mon ame.

ISABELLE, à part.

C'en est une, c'en est une, je n'en puis plus douter. (*Haut.*) Et c'est pour moi, pour moi seule?... Que je suis heureuse !

DORLIS.

Heureuse ! Je suis donc bien plus heureux moi-même. Permettez qu'à vos genoux....

ISABELLE.

Arrêtez, vous me confondez : c'est moi qui dois vous remercier de la bonté que vous avez de m'aimer. Suis-je donc assez sage, assez vertueuse, pour....

DORLIS.

Assez sage ! assez vertueuse ! que trop, peut-être...; Mais non, l'innocence impose, réprime l'audace.... Et qui serait capable.... Ma chère Isabelle, conservez toujours ces précieuses qualités qui vous rendent aussi respectable que votre beauté vous rend digne de nos hommages.

ISABELLE.

Ma beauté, c'est peu de chose ; ma vertu (*en soupirant*), c'est tout ; et j'ai bien dessein de la conserver aussi toujours, puisqu'elle vous plaît tant. Cependant j'ai des scrupules.

DORLIS.

Quoi ?

ISABELLE.

Ma mère m'a dit qu'il ne fallait point avoir d'idées terrestres : j'en ai eu, j'en ai encore, à ce que je crois; vous en jugerez, car je ne m'y connais pas.

DORLIS, *alarmé*.

Comment ?

ISABELLE.

Mais oui, ce jeune Dorlis dont vous m'offrez les traits.... Tenez, je ne l'ai jamais vu sans une certaine émotion. Je n'ai jamais cessé de penser à lui. Ne sont-ce pas là des idées terrestres ?

DORLIS.

Ah !

ISABELLE.

Ne vous fâchez pas ; je vous avoue tout.

DORLIS.

Me fâcher ! au contraire, vous me comblez de joie : Dorlis et moi ce n'est qu'un.

ISABELLE.

J'entends. (*A part.*) C'est lui sans être lui ; nous y voilà. (*Haut.*) Vous m'avez devinée ; vous ne pouviez prendre une forme qui me plût davantage.

DORLIS, *à part*.

Je n'y comprends rien ; mais elle m'enchante.

ISABELLE.

Vous venez donc pour me consoler dans les amertumes de la vie ?

DORLIS.

Vous avez des chagrins ?

ISABELLE.

Je n'en ai plus, je vous vois. A propos, réjouissons-nous, j'entre demain au couvent; c'est là que l'on est plus vertueuse, n'est-ce pas ?

DORLIS, *alarmé.*

Vous allez demain au couvent !

ISABELEL.

Demain, pour toujours : je ne suis fâchée que d'une chose, c'est de quitter ma mère que j'aime bien; mais vous ne m'abandonnerez pas dans mes chagrins, votre image me suivra partout, vous m'apparaîtrez dans mes songes, ou comme vous voudrez, pourvu que cela n'humilie personne.

DORLIS, *à part.*

Je m'y perds. On abuse de sa crédulité. (*Haut.*) Non, vous n'irez pas au couvent; et si vous m'aimez....

ISABELLE.

Si je vous aime ! Je ne suis pas ingrate : maman me gronderait, si je ne vous aimais pas.

DORLIS.

Vous m'aimez... votre mère approuve... vous irez au couvent.... tout cela se contredit. On vous trompe, et vous consentiriez....

ISABELLE.

Si ma mère le veut, il faut que je lui obéisse; et pour tous les biens du monde, je ne voudrais pas lui déplaire. Me conseilleriez-vous?....

DORLIS, *après un moment de réflexion.*

Non; mais vous ne lui désobéirez pas. Je sais des moyens sûrs pour lui faire changer de résolution: vous et moi nous serons unis.

ISABELLE.

Nous le sommes déjà.

DORLIS.

Nous le serons davantage.

ISABELLE.

Tant mieux; venez donc la persuader vous-même: elle sera bien aise de savoir que vous me faites l'honneur de vous attacher à moi.

DORLIS.

Il n'est pas temps encore: il me suffit pour le présent de connaître que j'ai le bonheur d'être aimé de vous.

COMÉDIE.

ARIETTE.
DUO.

ISABELLE.	DORLIS.
tient ma main, il la baise, il la serre.	
ù suis-je? O Ciel! mon esprit enchanté!	Rien n'est égal à cette volupté,
nez, venez. O ma mère! ma mère!	Il n'est pas nécessaire :
yez témoin de ma félicité.	Ne troublez point notre félicité.
Je n'ai rien de caché pour elle :	
C'est mon exemple, mon modèle.	
Ma mère ne veut que mon bien.	Je veux aussi le vôtre.
Eh bien! eh bien!	
tient ma main, il la baise, il la serre, etc.	

(*Madame Gertrude paraît; Dorlis se sauve dans le fond du théâtre, pour n'être point vu de madame Gertrude; il rencontre Dupré, qui l'emmène en lui disant :*)

Qu'as-tu fait ? Nous n'avons plus d'espérance. Suis-moi.

SCÈNE XII.

Madame GERTRUDE, ISABELLE.

Mad. GERTRUDE.

Qu'AVEZ-VOUS, ma chère enfant ?

ISABELLE.

Ah! ma mère, permettez que je vous embrasse : votre fille est digne de vous.

ISABELLE ET GERTRUDE,

Mad. GERTRUDE.

J'en suis bien aise, ma fille.

ISABELLE.

Que je vous ai d'obligation d'avoir formé mon cœur à la vertu; mais votre sage exemple m'a mieux instruite que toutes vos leçons, que tous vos conseils.

Mad. GERTRUDE.

Vous m'enchantez; mais quelle agitation !....

ISABELLE.

Je ne me sens pas de joie. Oh! pour le coup, vous n'aurez plus rien à me reprocher. Vous ne savez pas, ma mère, vous ne savez pas, j'ai aussi une Intelligence, moi!

Mad. GERTRUDE.

Que voulez-vous dire ?

ISABELLE.

L'Amour : l'Amour est une Intelligence, n'est-il pas vrai?

Mad. GERTRUDE.

L'Amour, dites-vous?

ISABELLE.

ARIETTE.

Aimer, sentir, penser, connaître,
Surtout aimer,
C'est prendre un être,
C'est s'animer.

COMÉDIE.

Mad. GERTRUDE.

Vous m'épouvantez ; expliquez donc ce mystère.

ISABELLE.

Il est là. Où êtes-vous ? Revenez donc ; voilà ma mère.

SCÈNE XIII.

DUPRÉ, DORLIS, Madame FURET, Madame GERTRUDE, ISABELLE.

Mad. FURET.

Je vous avais bien dit, Madame ; vous avez laissé votre porte ouverte, il est entré un voleur ici. Cherchez, Messieurs, cherchez.

DUPRÉ.

Doucement, Messieurs, vous devez nous connaître ; retirez-vous : (*à Dorlis.*) reste-là, toi. (*Dorlis s'arrête au fond du théâtre.*)

Mad. FURET.

C'est M. Dupré !

Mad. GERTRUDE.

Je suis confondue. (*A Isabelle.*) Allez à votre chambre.

ISABELLE.

J'ai trop peur.

Mad. GERTRUDE.

Partez.

(*Isabelle, en se retirant, rencontre Dorlis, et s'arrête avec lui au fond du théâtre.*)

DUPRÉ, à madame Gertrude.

Ne craignez rien, Madame.

Mad. FURET.

Je ne m'attendais pas à vous trouver ici à pareille heure.

DUPRÉ.

Il est permis de venir voir sa femme.

Mad. FURET.

Votre femme?

Mad. GERTRUDE.

Votre femme?

DUPRÉ, à madame Gertrude.

Ne dites mot. (*A madame Furet.*) Oui, ma femme, ou peu s'en faut : c'est demain que nous célébrons notre mariage.

Mad. GERTRUDE.

Y pensez-vous?

DUPRÉ, à madame Gertrude.

Paix donc! voulez-vous vous perdre de réputation?

Mad. FURET.

Je n'en reviens point. N'est-ce pas moi que vous deviez épouser?

COMÉDIE.

DUPRÉ.

Vous étiez dans l'erreur : c'est Madame.

Mad. FURET.

Vous me trompiez donc ?

DUPRÉ.

Sans doute : il est encore permis de tromper ceux qui veulent nous nuire.

Mad. FURET.

Ah ! traître ! J'étouffe de colère !

DUPRÉ, *à madame Gertrude.*

Vous n'avez pas d'autre parti à prendre.

Mad. FURET.

Et vous, Madame, qui ne vouliez jamais vous remarier ?

Mad. GERTRUDE.

On peut suivre le conseil que vous m'avez donné tantôt ; et, de plus, on se trouve quelquefois obligé par des circonstances....

Mad. FURET.

Des circonstances ! Fort bien. Je n'oublierai pas le mot. Vous donnez un exemple bien édifiant à votre fille : la voilà avec un jeune homme.

DUPRÉ.

Il n'y a rien d'étonnant. (*A Dorlis et à Isabelle.*) Approchez ! (*à mad. Furet.*) Mon neveu épouse Isabelle.

Mad. GERTRUDE.

Il épouse ma fille ?....

DUPRÉ.

Eh oui! (*Bas, à madame Gertrude.*) La réputation.... l'honneur....

Mad. GERTRUDE.

Oui, Madame, il l'épouse.

DORLIS, *à madame Gertrude.*

Ah! Madame!

DUPRÉ.

Paix.

ISABELLE.

Ah! ma mère! je serai donc la femme d'une Intelligence?

Mad. GERTRUDE.

Taisez-vous.

Mad. FURET.

Je vois là du mystère; de plus, des circonstances... Tant mieux. Je vengerai l'outrage que l'on me fait. Ah! quels gens! quelle conduite! quelle perversité! C'est ce qui me console. Je publierai partout votre histoire avec des couleurs.... Laissez-moi faire. C'est une bonne journée. Ceci vaut encore mieux que l'escapade de la petite pensionnaire.

DUPRÉ.

Eh bien, Madame, allez, parlez, publiez; mais sachez qu'en éclairant les démarches d'autrui, on s'aveugle bien souvent sur son propre danger. Apprenez que la pensionnaire enlevée est votre fille, et que son ravisseur est le jeune homme que vous avez fait déshériter si charitablement.

Mad. FURET.

O ciel! ma fille! Le jeune homme! (*Elle sort.*)

SCÈNE XIV, et dernière.

DUPRÉ, Mad. GERTRUDE, ISABELLE.

DUPRÉ, *à madame Gertrude.*

Et vous, Madame, croyez que le vrai bonheur ne dépend pas de l'opinion d'autrui : quand on n'a rien à se reprocher, il est en nous-mêmes ; c'est une vérité dont j'epère bientôt vous convaincre.

Mad. GERTRUDE.

Et c'est demain que doit se faire notre mariage ?

DUPRÉ.

Absolument.

Mad. GERTRUDE.

C'en est fait, je me résigne.

ISABELLE.

Je n'entends rien à tout cela ; mais je me résigne aussi comme ma mère.

ISABELLE ET GERTRUDE,

Mad. GERTRUDE.

Ma fille, j'avais mes raisons pour vous parler tantôt comme j'ai fait; c'était pour vous éprouver. Vous n'irez pas au couvent. Vous épousez Dorlis, le neveu de Monsieur.

DUPRÉ.

Qui n'est point une Intelligence.

DORLIS.

Non; mais qui vaut mieux. On vous expliquera tout cela.

VAUDEVILLE,

DUPRÉ.

Pour nous est fait le plaisir;
Tout enfin nous en assure.
Rien de trop ; savoir jouir,
C'est volupté pure ;
Il faut la saisir :
Que l'on gronde,
Que l'on fronde ;
Le bonheur vous en consolera.
Rendez-vous au monde;
Le bonheur vous fixera.

GERTRUDE.

Pour goûter le vrai bonheur,
Je sens bien qu'il faut qu'on aime,
Dupré fait parler mon cœur ;
Et mon système n'était qu'une erreur:

COMÉDIE.

Que l'on gronde,
Que l'on fronde,
L'Amour à ses lois nous soumettra,
Ainsi va le monde,
Et toujours de même il ira.

DORLIS.

La beauté doit nous charmer;
C'est la loi de la nature.
Nos cœurs sont faits pour aimer;
En vain la censure
Prétend nous blâmer:
Qu'elle gronde,
Qu'elle fronde,
On aime, et toujours on aimera,
Ainsi va le monde,
Et toujours de même il ira.

ISABELLE.

J'avais toujours ignoré
Ce plaisir qu'enfin j'éprouve.
Vous aimez Monsieur Dupré,
Moi, maman, je trouve
Dorlis à mon gré:
Que l'on gronde,
Que l'on fronde,
Je sens que toujours il me plaira;
Et devant le monde
Votre exemple m'excusera.

Mad. GERTRUDE, *au Public.*

Notre ouvrage est imparfait:
J'appréhende la critique.
Comme la bonne Furet,
Un censeur caustique
Condamne tout net:
Qu'il nous gronde,
Qu'il nous fronde,
Notre pauvre auteur s'affligera.
Mais s'il vient du monde,
Ce bonheur le consolera.

FIN.

LA FÉE URGÈLE,

OU

CE QUI PLAIT AUX DAMES,

COMÉDIE

EN QUATRE ACTES,

MÊLÉE D'ARIETTES.

Représentée devant LEURS MAJESTÉS, par les Comédiens Italiens ordinaires du Roi, à Fontainebleau, le 26 octobre 1765.

ÉPITRE

AUX DAMES.

Ce qui vous plaît, c'est de régner sur nous;
Vous préférez ce bonheur à tout autre.
J'en connais un bien plus doux que le vôtre;
C'est le plaisir de se soumettre à vous.

ACTEURS.

LA FÉE URGÈLE.
MARTHON.
ROBINETTE.
THÉRÈSE, bergère.
UNE VIEILLE.
LE CHEVALIER ROBERT.
LA HIRE, écuyer de Robert.
LA REINE BERTHE.
DENISE, villageoise.
L'AVOCATE GÉNÉRALE de la Cour d'Amour.
VIEILLES CONSEILLÈRES de la Cour d'Amour.
L'HUISSIER.
PHILINTHE, berger.
LICIDAS, autre berger.
LISETTE, bergère.
LE GRAND VÉNEUR.
SEIGNEURS, DAMES et VARLETS de la suite de la Reine BERTHE.
PLUSIEURS CONSEILLÈRES de la Cour d'Amour et de Beauté.
NYMPHES, suivantes de la Fée URGÈLE.
CHEVALIERS ERRANS amis de ROBERT.
TROUBADOURS.
VILLAGEOISES.

LA FÉE URGÈLE,
COMÉDIE.

ACTE PREMIER.

Le Théâtre représente un paysage des plus agréables. On voit dans l'éloignement le palais du roi Dagobert.

SCÈNE PREMIÈRE.

MARTHON, ROBINETTE.

MARTHON.

Il a pris le sentier qui conduit en ces lieux ;
Dans un moment, il va s'y rendre.

ROBINETTE.

Il ne peut éviter le charme de vos yeux.
Quel est votre dessein ?

MARTHON.

                Eh ! peux-tu t'y méprendre !
Robert est l'objet de mes vœux.

LA FÉE URGÈLE,

ARIETTE.

Non, non, je ne puis me défendre
D'aimer ce généreux guerrier :
Ah ! si son cœur devenait tendre....
A son sort je veux me lier.
Ne détruis pas mon espérance,
Je puis triompher en ce jour.
Richesse, honneur, grandeur, naissance,
Tout disparaît devant l'Amour.

ROBINETTE.

Quoi ! vous pensez à l'épouser ?

MARTHON.

J'y pense.

ROBINETTE.

Mais songez-vous à la distance ?....

MARTHON.

L'Amour n'en connaît point. Je plairai, je m'en crois.
Serait-ce la première fois
Que la simplicité, même son apparence,
D'un brave chevalier aurait fixé le choix ?
Employons, s'il le faut, et l'adresse et la ruse.
Qu'il soupçonne un rival.

ROBINETTE.

Ces détours sont adroits.

MARTHON.

Si je fais plus que je ne dois,
L'Amour me servira d'excuse.

ROBERT, *sans être vu.*

La Hire ?

COMÉDIE.

MARTHON.

Paix, j'entends sa voix.

ROBERT.

La Hire?....

LA HIRE.

Monseigneur ?

SCÈNE II.

ROBERT, LA HIRE, MARTHON, ROBINETTE.

(*Robert paraît sur son cheval, dans le fond du théâtre; il descend, donne sa lance à La Hire.*)

ROBERT.

La Hire,
Attache mon coursier à l'un de ces ormeaux.
Le charme de ces lieux m'attire,
Et la douceur de l'air qu'on y respire,
M'invite à jouir du repos.

MARTHON.

Éloignons-nous pour paraître à propos.

SCÈNE III.

ROBERT, seul.

ARIETTE.

La belle chose
Que d'être chevalier !
On prend la cause
De l'univers entier.
On rompt lance sur lance,
On répare les torts,
On se bat à toute outrance
Contre les gens les plus forts.

La belle chose,
Que d'être chevalier !
On prend la cause
De l'univers entier.
D'un bras puissant,
On soutient l'innocent;
On entreprend,
On surprend
Un géant,
Un brigand :
S'il fuit,
On le poursuit;
S'il se défend,
On le pourfend.

La belle chose, etc.

(*Il s'assied sur un banc de verdure, à l'ombre d'un alisier.*)

SCÈNE IV.

ROBERT, LA HIRE, *avec un colletin de pélerin, et une gourde à sa ceinture.*

LA HIRE.

Sire Robert, mon bon, mon très-cher maître,
Vous reprenez haleine en ce séjour champêtre;
  Il faut que vous soyez bien las;
J'en suis ravi.

ROBERT.

Pourquoi ?

LA HIRE, *s'asseyant aussi.*

          C'est que je m'aime.
Quand je suis fatigué, si vous ne l'êtes pas;
Vous avancez toujours d'une vitesse extrême;
Vous prenez le galop quand je me traîne au pas.
  C'est vainement que mon dépit éclate,
Vous partez le matin; vous arrivez fort tard,
    Et vous n'avez aucun égard
    Pour une santé délicate.

ROBERT.

Le pauvre petit fait pitié !

LA HIRE.

Un voyage si long m'a fondu de moitié;
Mais cet endroit me plaît, son aspect me délasse.
 La belle vue! On voit à découvert
  Le palais du roi Dagobert.

ROBERT.

 Quel prince! il faut le mettre dans la classe
  Des rois aimés de leurs sujets :
De mortels comme lui, la nature est avare.
En Italie on voit des monumens parfaits ;
Mais un monarque aimé, que la sagesse pare,
 Est un trésor plus précieux, plus rare ;
Son royaume animé par ses adorateurs,
Tenant tout son bonheur des vertus d'un seul homme,
Ne porte point envie aux raretés de Rome :
L'une fixe les yeux, l'autre fixe les cœurs.

LA HIRE.

Grace au Ciel, nous voilà revenus de nos courses !
Il était temps, ayant épuisé les ressources.
  Votre armure, votre cheval,
  Vingt écus dans votre valise,
  Voilà tout votre capital :
 Car dans ces maudits temps de crise,
L'argent ne va jamais qu'aux mains des gens...

ROBERT.
         Tais-toi,
  Peux-tu, dégoûté de la gloire,
  Te détacher du char de la victoire,

COMÉDIE.

Et d'un noble écuyer abandonner l'emploi?
Toi, qui peux être un jour chevalier comme moi.

LA HIRE.

Vous voyez tout en beau; mais sans en faire accroire,
De ce maudit métier, je vais conter l'histoire.

ARIETTE.

Toujours par monts et par vaux,
Sans un instant de repos;
Errant,
Courant
Les aventures,
Du froid, du chaud,
Il faut essuyer les injures,
Faire des défis,
Exposer sa vie:
Voilà les profits
De la chevalelerie.

Trouver un objet friand,
N'oser baiser que son gand,
Rien que son gand;
Sans pain,
Sans vin,
Vivre de gloire;
Passer chaque nuit
Sans lit,
Et tout le jour sans boire;
Trouver son bien pris
Et sa douce amie:
Voilà les profits
De la chevalerie.

ROBERT.

Va, j'en crois mes pressentimens,
Mon ami La Hire, et j'augure
Qu'avant qu'il soit très-peu de temps,
Il pourra m'arriver quelque heureuse aventure.

SCÈNE V.

MARTHON, ROBINETTE.
Les acteurs précédens.

MARTHON *reparaît, ayant devant elle une corbeille remplie de fleurs.*

ARIETTE.

Je vends des bouquets,
De jolis bouquets :
Ils sont tout frais.
Ils sont tout frais.
Hâtez-vous d'en faire usage,
Un seul jour les endommage.

Je vends des bouquets, etc.

C'est l'image d'un objet charmant ;
C'est l'hommage d'un tendre amant.
Hâtez-vous d'en faire usage,
Un seul jour les endommage.

Sitôt qu'on voit la fleur nouvelle,
Il faut promptement la cueillir ;
Fraîcheur d'amour passe comme elle ;
Il n'est qu'un temps pour le plaisir.
Hâtez-vous d'en faire usage,
C'est la parure du jeune âge.

Je vends des bouquets, etc.

(*Pendant cette ariette, La Hire délace le heaume et l'armure de son maître.*)

ROBERT.

Ah! les gentilles pastourelles!

LA HIRE.

Voilà deux vrais morceaux de chevalier errant:
Vos pressentimens sont fidèles.

ROBINETTE, *bas à Marthon.*

Il vous a remarquée.

MARTHON, *bas à Robinette.*

Oui. (*haut.*) Suis-moi promptement.

ROBINETTE, *haut.*

N'arriveras-tu pas assez tôt à la ville?
Tu ne marchas jamais aussi légèrement,
Marthon.

MARTHON.

Je suis une fois plus agile
Lorsque mon cœur a du contentement.
Tu sais que j'ai chez nous une affaire pressée.
Ce soir avec Colin, je serai fiancée.
Quand j'aurai vendu mes œillets,
Je partirai l'instant d'après
Pour regagner notre demeure;
Je les vendrai moins cher, pour hâter le débit:
Colin m'attend, cela suffit;
Si je puis avancer mon retour d'un quart d'heure,
N'est-ce pas faire du profit?

LA FÉE URGÈLE,

ROBERT.

Je trouve ce Colin un heureux personnage.

LA HIRE.

Et vous voudriez bien rompre son mariage ?

ROBERT.

Oui, je donnerais tout mon bien....

MARTHON.

Comment, vous écoutez les filles ?

ROBINETTE.

Ah ! Monsieur ! cela n'est pas bien,
C'est découvrir les secrets des familles.

ROBERT.

Je voudrais que Marthon pût se douter du mien.

LA HIRE.

Sa compagne, Monsieur, n'est pas moins merveilleuse,
Ce petit minois-là n'a pas un seul défaut.

ROBINETTE.

N'approchez pas, je suis peureuse.

LA HIRE.

En ce cas-là, je suis ce qu'il vous faut.

ROBERT.

Qu'elle a d'attraits !

LA HIRE.

La rencontre est heureuse.

COMÉDIE.

MARTHON.

Ah! Robinette, hélas! je prévois nos malheurs.
Ces Messieurs avec qui nous avons l'honneur d'être,
 Pourraient bien être des voleurs.

ROBINETTE.

J'en ai peur.

ROBERT.

 C'est mal nous connaître.

LA HIRE.

Portez sur nous des jugemens meilleurs :
Mon maître me ressemble, et c'est un honnête homme.
Nous trouvons tous les deux vos charmes enchanteurs;
Nous nous y connaissons, nous revenons de Rome,
 Et nous sommes deux amateurs.

ROBINETTE.

Je ne sais pas, Monsieur, ce que vous voulez dire.

MARTHON.

Retirons-nous.

ROBERT.

 Demeurez un moment.

LAHIRE.

Permettez que l'on vous admire.

ROBERT.

Parlons un peu de votre amant :
 C'est quelque garçon de village?
Vous méritez un sort mille fois plus heureux.

LA FÉE URGÈLE,

MARTHON.

Non, Colin remplit tous mes vœux :
Nous sommes pauvres ; mais travailler nous soulage ;
Le travail est notre héritage :
Il nous suffit ; nous jouissons du jour,
Nous avons l'appétit, le sommeil et l'amour.

ROBERT.

L'amour !

LA HIRE.

L'amour !

ROBINETTE.

En faut-il davantage ?

LA HIRE, à Robert.

Ce mot est d'un heureux présage.

(*A Robinette.*)

Et vous aimez aussi ?

ROBINETTE.

Non, mais j'aurai mon tour.

MARTHON.

ARIETTE.

Ah ! que l'amour
Est chose jolie !
Avec l'amour,
Toute la vie
Passe comme un jour.
Sur l'épine fleurie,
Tous les oiseaux d'alentour,
Dans leur douce mélodie,
Répètent tour à tour :
Ah ! que l'amour
Est chose jolie ! etc.

Si je dors, il me réveille,
Si par hasard je sommeille,
Attentif à mon bonheur,
Il vient avec douceur
Me dire à l'oreille :
Ah ! que l'amour, etc.

ROBERT.

Vous me faites penser de même,
Belle Marthon; il ne faut que vous voir,
Et pour sentir et pour savoir
Qu'on n'est heureux que lorsqu'on aime.

LA HIRE, *à Robinette.*

Je vous en dis autant.

MARTHON, *à Robert.*

Ne nous arrêtez plus.
Colin compte le temps quand je le fais attendre;
Quand je ne le vois point, mes momens sont perdus.

ROBERT.

Je veux vous épargner la peine du voyage;
Je prends tous les bouquets, et c'est votre avantage :
Je vous en promets vingt écus,
Pourvu que vous donniez un baiser par-dessus.

MARTHON.

Nenni.

ROBERT.

Souffrez....

MARTHON.

Non.

LA FÉE URGÈLE,

ROBERT.

Que je vous embrasse.

LA HIRE.

J'imiterai mon maître.

MARTHON.

Oh! finissez!....

ROBINETTE.

De grâce....

MARTHON.

Ah! vous renversez mes œillets,
Et vous marchez dessus.

ROBERT.

Paix! paix!

MARTHON.

ARIETTE.

Ces œillets étaient à ma mère,
Et mon panier en était plein;
Mais hélas! comment vais-je faire?
Le baiser était à Colin.

(*Pendant cette ariette, La Hire et Robinette ramassent les fleurs et les remettent dans le panier.*)

ROBERT.

Je réparerai cette perte.

LA HIRE.

Ah! Monseigneur, alerte! alerte!
Votre cheval s'enfuit par ces guérets.

ROBERT.

Vite, vite, courons après.

MARTHON.

Et mes vingt écus?....

SCÈNE VI.

MARTHON, ROBINETTE.

MARTHON.

Il me laisse;
Mais je saurai le retrouver;
Et jusqu'à ce qu'il me connaisse,
Je lui permets de me braver.

(*On entend le chœur suivant, qui se chante d'abord derrière le théâtre.*)

LE CHŒUR.

Ah! que le temps, que le temps est beau!
Quel plaisir! quel plaisir pour la chasse à l'oiseau!

MARTHON.

La Reine Berthe en ces lieux vient se rendre;
J'ai mon projet, elle pourra m'entendre.

ROBINETTE.

Comment vous allez l'accuser?

MARTHON.

C'est un moyen pour l'épouser.

SCÈNE VII.

LA REINE BERTHE *paraît en habit de chasse, l'oisel sur le poing. Elle est accompagnée de seigneurs et dames de sa Cour, de ses varlets, du grand veneur et autres officiers de sa fauconnerie.*

CHŒUR.

Ah! que le temps, que le temps est beau!
Quel plaisir! quel plaisir pour la chasse à l'oiseau!

BERTHE.

ARIETTE.

A l'ombre de cet alisier,
Écoutez-moi, jeunes fillettes :
L'Amour est un franc épervier
   Et vous en êtes
     Les fauvettes.
Par vos chants vous l'attirez,
   Vous préparez
     Vos défaites,
Il plane, plane dans l'air,
Vous endort avec ses ailes,
Et plus vite que l'éclair,
Vous prend dans ses serres cruelles ;
L'Amour est un franc épervier,
   Gardez-vous de l'oublier ;
Écoutez-moi, jeunes fillettes,
Retenez bien, jeunes fillettes :
L'Amour est un franc épervier,
   Et vous en êtes
     Les fauvettes.

MARTHON.

Noble princesse, il est trop vrai ;
Je viens, pour mon malheur, d'en faire un triste essai.

ARIETTE.

O reine ! soyez-moi propice ;
J'arrose vos pieds de mes pleurs.
Justice ! justice ! justice !
Prenez pitié de mes malheurs.

BERTHE.

Levez-vous, mon enfant. (*A part.*) Tout parle en sa faveur.
(*Haut.*) Qui peut causer votre douleur ?

MARTHON.

Joyeuse, innocente et tranquille,
Je portais des fleurs à la ville,
Quand un chevalier déloyal,
Subitement est venu me surprendre ;
D'autant plus dangereux qu'il avait un air tendre.
Je ressens à sa vue un trouble sans égal ;
D'abord je songe à me défendre ;
Je veux le fuir, il arrête mes pas :
Il veut baiser ma main, je ne le permets pas ;
Ma résistance augmente son audace :
Ses yeux étaient ardens, sans cesser d'être doux ;
Grande Reine, malgré l'excès de mon courroux,
Il approche tout près, m'embrasse.

J'ai beau me débattre et crier,
Je vois tomber tout ce que j'allais vendre :
Ce dégât doit faire comprendre
Que mon honneur m'était plus cher que mon panier.

BERTHE.

Vous serez bientôt satisfaite,
On punira cette témérité ;
Mais dites-vous la vérité ?

MARTHON.

Ah ! demandez plutôt à ma sœur Robinette.

ROBINETTE.

J'ai tremblé pour les yeux du pauvre chevalier.

BERTHE.

En voyant votre sœur en peine,
Vous deviez la défendre.

ROBINETTE.

Hélas ! ma bonne Reine,
N'avait-il pas son écuyer ?

MARTHON.

Ce chevalier m'avait fait la promesse
De m'acheter tous mes bouquets :
Hélas ! jugez de mes regrets.
Ah ! que la parole est traîtresse !
Il semblait s'applaudir de mon air consterné ;
Il m'a laissée, et ne m'a rien donné.

COMÉDIE.

BERTHE.

Nous prenons part à votre peine.
(*A des gens de sa suite.*)
Qu'on aille le chercher, et que l'on me l'amène.

LE GRAND VENEUR.

Nous allons obéir à Votre Majesté.
(*A Marthon.*)
Quel sentier a-t-il pris?

MARTHON.

Par-là.

LE GRAND VENEUR.

De ce côté?
(*A des gens de sa suite.*)
Appellez les piqueurs, qu'ils forment une enceinte.
De nos limiers il va sentir l'atteinte.

MARTHON.

Sans lui faire de mal.

LE GRAND VENEUR.

Partez avec ardeur,
Suivez la piste.

MARTHON.

Ah! Monseigneur,
Sans lui faire aucun mal.

LA FÉE URGÈLE,

LE GRAND VENEUR.

Que la trompe résonne;
S'il se défend, montrez de la vigueur.
Je vais voir de cette hauteur,
Si l'on s'acquitte bien des ordres que je donne.

(*Il sort.*)

MARTHON, ROBINETTE.　　　BERTHE et sa suite.

Nous demandons justice,　　　On vous rendra justice.
Nous demandons justice;
Nous en aurons justice.　　　On vous rendra justice.

CHŒUR.

On vous rendra justice.

BERTHE.

Que le téméraire frémisse.

ENSEMBLE.

Que le téméraire frémisse.

BERTHE.

Le sexe est outragé.

CHŒUR.　　　MARTHON ET ROBINETTE.

C'est par nous qu'il sera vengé.　　C'est par nous qu'il sera vengé.

(*On reprend le chœur précédent.*)

Ah! que le temps, que le temps est beau!
Quel plaisir! quel plaisir pour la chasse à l'oiseau!

FIN DU PREMIER ACTE.

ACTE II.

La décoration est la même.

SCÈNE PREMIÈRE.

LA HIRE, seul.

ARIETTE.

Le maudit animal,
Qu'il m'a donné de mal!
Cette maligne bête
S'en va, ta, ta, ta, ta;
Je crie : hola! hola!
Petit? petit? arrête! arrête!
Il m'attend tout exprès,
Et quand je suis tout près,
Ce beau cheval d'Espagne
Hennit, part, ta, ta, ta, ta, ta,
Hola! hola! hola! la! la!
Les gens de la campagne,
Vieux, jeunes et marmots,
Présentent leurs chapeaux;
Mais par une ruade,
Mais par une escapade,
Il les campe tous là.
Je le saisis, il m'échappe,
Un homme noir le rattrappe,
Monte dessus, et s'en va,
Ta, ta, ta, ta, ta, ta, ta.

Je le suis promptement,
Voyant son entreprise;
Et j'arrive au moment
Que, joyeux de sa prise,
Il allait prudemment
Visiter la valise.
Je me saisis du tout heureusement.

SCÈNE II.

ROBERT, LA HIRE.

ROBERT.

A cet affreux revers aurais-je dû m'attendre ?

LA HIRE.

Il ne s'agit plus de revers.

ROBERT.

O fatale rencontre!...

LA HIRE.

Il ne veut pas m'entendre.
Monsieur ? Monsieur ?

ROBERT.

Quel cœur pervers !

LA HIRE.

Monsieur.... votre cheval....

COMEDIE.

ROBERT.

L'aventure est affreuse !

LA HIRE.

Votre cheval....

ROBERT.

Je suis au désespoir.

LA HIRE.

Il ne tient qu'à vous de revoir
Cette monture glorieuse.

ROBERT.

Comment pouvais-je le prévoir ?
Inhumaine Marthon !

LA HIRE.

Cela vous plaît à dire ;
Mais écoutez-moi donc.

ROBERT, *apercevant La Hire.*

C'est toi, c'est toi, La Hire ?
Marthon est jolie.

LA HIRE.

Oui.

ROBERT.

Mais son cœur est cruel.

LA HIRE.

Mais cela n'est pas naturel.
Une beauté ne semble naître
Que pour rendre le monde heureux ;
Et la nature, mon cher maître,
Ne pouvait rien imaginer de mieux.

ROBERT.

Quand tu sauras ma funeste aventure....
Je vais mourir.

LA HIRE.

Je mourrai donc aussi.
Je ne suis attaché qu'à vous dans la nature ;
Si vous ne viviez plus, je m'ennuierais ici.

ROBERT.

Marthon cause ma mort, et satisfait sa haine.
Pour chercher mon coursier, lorsque tu m'as quitté,
Ma malheureuse étoile et me pousse et m'entraîne
A le chercher par un autre côté ;
Quand des gardes m'ont arrêté,
Et m'ont conduit devant la Reine.

LA HIRE.

Comment, devant son tribunal ?

ROBERT.

Il est tout composé de femmes.

LA HIRE.

Ah ! la chose
Ne tournera donc pas si mal,
Vous pouvez gagner votre cause ;
Le sexe est indulgent.

ROBERT.

Mon crime est capital ;

COMÉDIE.

C'est cette Cour où l'on rend la justice,
Qu'on nomme Cour d'Amour; et c'est là que Marthon
M'assigne en réparation,
Et s'est portée accusatrice.

LA HIRE.

Ah! quelle ingratitude! ô Ciel! le croira-t-on?
Quel est le châtiment que la sentence porte?

ROBERT.

La mort!

LA HIRE.

La mort! la réprimande est forte.

ROBERT.

ARIETTE.

Pour un baiser
Faut-il perdre la vie?
Marthon est si jolie
Qu'on devait m'excuser.
Qu'une Beauté nous plaise,
On croit ne s'exposer
Qu'à mourir d'aise
Pour un baiser.

Pour un baiser
Faut-il perdre la vie?
Marthon est si jolie,
Qu'on devait m'excuser,
Pour un baiser.

LA HIRE.

Vous pouvez prendre un parti salutaire,
C'est de vous évader pour vous tirer d'affaire.

LA FÉE URGÈLE,

ROBERT, *fièrement.*

Non, non..... je ne sais point vivre honteusement ;
  Ma promesse n'est pas frivole,
Des fers m'enchaîneraient moins fort que mon serment :
  Je suis libre sur ma parole.

LA HIRE.

Oui ; mais vous risquez tout, si vous n'y manquez pas.

ROBERT.

Il n'est qu'un seul moyen qui me ferait absoudre,
Et me délivrerait de l'arrêt du trépas ;
C'est une question qu'on me donne à résoudre,
  Et qui me jette en un grand embarras.

LA HIRE.

Et quelle est-elle ?

ROBERT.

  C'est de dire
Ce qui séduit les femmes en tout temps.

LA HIRE.

C'est une question pour rire,
Qui peut embarrasser tout au plus des enfans.

ARIETTE.

Ce qui séduit les dames,
Ce qui gagne leurs ames,
C'est un gaillard de bon aloi,
C'est moi.
Mon air d'allégresse
A l'art d'empêcher
La tristesse
D'approcher :

COMEDIE.

Je brille en chantant la tendresse ;
Je plais, j'amuse, j'intéresse,
Et je fais rire la sagesse,
Quand elle est prête à se fâcher.

Ce qui séduit les dames,
Ce qui gagne leurs ames,
C'est un amant de bonne foi,
C'est moi.

ROBERT.

Ta joie insulte à ma douleur extrême ;
Je sens, dans ma position,
Qu'il n'appartient qu'aux femmes mêmes
D'éclaircir cette question.

LA HIRE.

Eh bien, consultez-les.

ROBERT.

J'en ai consulté mille,
Sans en être plus avancé.
L'une détruit ce que l'autre a pensé ;
Elles ont leur secret, c'est chose difficile
Que de savoir....

LA HIRE.

Croyez-en mes arrêts.
J'ai là-dessus quelque lumière ;
Je connais leurs goûts à peu près,
Depuis un temps je cours cette carrière :
Chargez-moi de vos intérêts.

(*On entend l'annonce de la ronde du divertissement.*)

En voilà justement qui m'ont l'air assez drôle ;
Pour les interroger, saisissons ces instans :
Elles ne comptent pas jouer ici le rôle
  D'avocats consultans.

  (*On entend encore l'annonce de la ronde.*)
Voyez, Sire Robert; des mines si jolies,
  Sont les oracles du destin :
  Leur pouvoir vient de nos folies.

    ROBERT.
Je vais être plus incertain.

    LA HIRE.
Mais avant de parler à ces nymphes gentilles,
  Un moment examinons-les.
On reconnaît toujours l'esprit des filles
  Dans leurs amusemens secrets.

SCÈNE III.

LA HIRE, ROBERT, DENISE.

Entrée de villageoises galantes qui dansent en rond, sur un air gai, et avec la plus grande légèreté.

LA HIRE, *à son maître, après que les villageoises ont dansé quelque temps.*

Je vais leur parler, laissez faire.
(*Aux villageoises.*)
Beautés que la douceur accompagne toujours,
   Votre pitié nous devient nécessaire ;
Accordez à mon maître un juste et prompt secours,
Ou bientôt il est mort.

ROBERT.

Hélas ! je désespère.

DENISE.

Que demandez-vous ?

LA HIRE.

Excusez,
C'est un homme perdu si vous le refusez.

DENISE.

Que faut-il faire afin de vous sauver la vie ?

LA HIRE.

Vous le pouvez sans contredit ;
Ce qu'on vous demande est écrit
Sur votre physionomie ;
Vous connaissez les dames, leur esprit,
Leur caractère, leur génie ;
Et vous savez quel point les flatte et les séduit.

DENISE.

Mais c'est selon leur fantaisie.

LA HIRE.

Oui, mais il en est un, ou l'on nous trompe fort,
Sur lequel toutes sont d'accord.

DENISE.

Nous aimer sans l'oser dire,
Sans prétendre à des faveurs ;
Chérir jusqu'à nos rigueurs,
Être heureux de son martyre ;
Respect, amour, rien par de-là :
Voilà ce qui nous plaît.

LA HIRE.

Oui-dà ?

ROBERT.

Qu'en dis-tu, mon ami La Hire ?

LA HIRE, *en secouant la tête.*

Ce n'est pas tout à fait cela :

(*Aux villageoises.*)

Vous pourriez un peu mieux... un peu mieux nous instruire.

COMÉDIE.

(*La danse recommence, et toutes les villageoises,
sans répondre, passent devant La Hire et Robert.
La Hire veut arrêter une des villageoise, qui lui
donne un soufflet.*)

LA HIRE.

L'affaire ne prend pas une bonne tournure;
Mais je vais suivre l'aventure.

(*Il sort.*)

SCÈNE IV.

UNE VIEILLE, ROBERT.

LA VIEILLE.

Beau chevalier, quoi! vous perdez courage!
Faut-il être plaintif et faible à ce point-là?
Cela ne convient pas; vous avez tort: on a....
Bien des ressources à votre âge.

ROBERT.

Ma bonne mère, hélas! Si vous saviez....

LA VIEILLE.

Oh! je sais tout sans que vous le disiez;
J'aime à savoir chaque mystère:
Quand on est vieille, on n'a rien de meilleur à faire.

A parler des amans j'occupe mon loisir,
Non pour les censurer, ni leur porter envie ;
Mais pour semer des fleurs sur l'hiver de ma vie,
Et pour le réchauffer aux rayons du plaisir.

ROBERT.

De mon malheureux sort, vous êtes donc instruite ?

LA VIEILLE.

Je n'y pense qu'avec effroi ;
Cela peut cependant ne pas avoir de suite :
Vous le pouvez.

ROBERT.

Comment me soustraire à la loi ?

LA VIEILLE.

Tout dépend de la conduite
Que vous tiendrez avec moi.

ROBERT.

Pouvez-vous soupçonner qu'elle soit équivoque ?
Dissipez mes périls, je vous consacrerai
Tous mes jours que je vous devrai ;
Mon cœur à chaque instant en chérira l'époque.

LA VIEILLE.

Hélas ! je n'en répondrais pas ;
Je ne reconnais plus les hommes.
Ah ! mon enfant, dans le siècle où nous sommes,
Les jeunes gens sont bien ingrats !

COMÉDIE.

ARIETTE.

C'est une misère
Que nos jeunes gens !
L'âge dégénère.
Ah ! le pauvre temps !
Quand j'étais dans ma jeunesse,
Que les amans
Étaient charmans !
Qu'ils avaient de politesse !
Ils étaient ardens,
Pressans.
On n'en voit plus de cette espèce,
On n'en voit plus de si galans.
Ah ! le pauvre temps !
Chacun disait : Ah ! qu'elle est belle !
Et me jurait amour fidèle :
A présent, eh bien, eh bien....
On ne me dit plus rien, rien,
Rien !
Il n'est plus d'amour sincère,
Il n'est plus de cœurs constans ;
L'âge dégénère,
Ah ! le pauvre temps !
Tout est vanité,
Faste sans largesse,
Plaisir, sans gaîté,
Amour sans tendresse,
Leur délicatesse
Est dans la santé :
Ah ! ah ! ah ! ah ! sur mes vieux ans,
Quel pauvre temps !

ROBERT.

Je blâme leur légèreté,
Et surtout leur ingratitude.

LA VIEILLE.

Hom ! la reconnaissance est une qualité
Dont on n'a pas aisément l'habitude.

ROBERT.

Depuis vingt ans j'en ai fait mon étude,
Vous en rendre certaine est tout ce que je veux.

LA VIEILLE.

Moi, je ne demande pas mieux.
Vous semblez né pour attendrir nos ames,
Et j'aurais du regret qu'un chevalier si preux
Mourût de mort forcée, avant que d'être vieux,
Faute de bien savoir ce qui séduit les dames.

ROBERT.

Vous vous en souvenez?

LA VIEILLE.

Oui, soyez en repos,
Beau chevalier, vous pouvez croire
Qu'il est certains points capitaux
Dont les femmes jamais ne perdent la mémoire.

ROBERT.

De grace et sans perdre un instant,
Découvrez-moi ce secret important.

LA VIEILLE.

Je veux mes sûretés.

ROBERT.

Vous serez obéie.

LA VIEILLE.

Engagez-vous, par un serment sacré,
A former, à tenter, à finir à mon gré
L'entreprise la plus hardie.

ROBERT.

Madame, vous piquez mon intrépidité,
    Quelque péril qui m'environne,
    Et quelque monstre qui m'étonne,
    Je vaincrai la difficulté.
    Prenez mon gant, voilà le gage
    Que nous donnons pour nous lier ;

(*Il donne son gant à la vieille.*)

Et pour vous assurer encore davantage,
    J'en jure foi de chevalier.

(*Il tire son épée, et la remet dans le fourreau après avoir fait le serment.*)

LA VIEILLE.

Je suis contente. Allons au tribunal de Berthe ;
    Fameux guerrier, prenez-moi par la main :
Je me fais un plaisir d'empêcher votre perte.
Je vous révélerai le secret en chemin.

DUO dialogué.

ROBERT.

Que voulez-vous ?

LA VIEILLE.

Un prix bien doux.

ROBERT.

Quel est ce prix ?

LA VIEILLE.

Mon fils, mon fils.....

LA FÉE URGÈLE,

ROBERT.

Ordonnez.

LA VIEILLE.

Devinez.

ROBERT.

Ma reconnaissance
Vous répond de tout.

LA VIEILLE.

Et mon assistance
Vient à bout
De tout.

ROBERT.

Sachons d'avance
La récompense
Que vous désirez;

LA VIEILLE.

Vous le saurez.

ROBERT.

Ordonnez, ordonnez.

LA VIEILLE.

Venez, venez.

FIN DU SECOND ACTE.

ACTE III.

Le Théâtre représente la grande salle où se tient la Cour d'Amour et de Beauté. La Reine Berthe se place sur son tribunal. Les vieilles dames du conseil occupent les premiers rangs, et les jeunes vont s'asseoir sur des bancs inférieurs.

SCÈNE PREMIÈRE.

BERTHE, L'AVOCATE GÉNÉRALE, LES CONSEILLÈRES, LE GREFFIER, L'HUISSIER.

BERTHE, *à l'Avocate générale.*

Avocate, parlez et remplissez l'emploi
Qui vous donne le droit de haranguer pour moi.

L'AVOCATE, *aux Vieilles.*

O vous ! qui de tendresse avez fait votre cours,
    Vous dont l'âge et l'expérience
    Vous donnèrent la connaissance
Des ruses des amans, et de tous leurs détours,

Secourez-nous de vos lumières,
Dans cette Cour d'un auguste appareil;
Que vos places soient les premières;
Présidez à notre Conseil.

(*Elles se placent à côté de la Reine.*)

(*Aux jeunes.*)

Et vous que les Grâces ont faites
Pour plaire et briller sans atours,
Jeunes, gentilles bachelettes,
Dans le doux conseil des Amours,
A votre tribunal affable
Que l'indulgence trouve accès;
A la Cour d'Amour tout procès
Doit se juger à l'amiable.

(*Elles se placent aussi.*)

PREMIÈRE VIEILLE.

C'est en vain qu'un plaideur rusé,
Près de nous voudrait se produire.

SECONDE VIEILLE.

Malheur à l'homme assez osé,
Qui tenterait de nous séduire.

BERTHE.

Maintenant procédons à rendre nos arrêts,
Interprétons la lettre, apprécions les gloses,
Et sans prévention pesons les intérêts.
Avocate, appelez les causes.

COMÉDIE.

L'AVOCATE.

Licidas demandeur,
Philinthe défendeur.

SCÈNE II.

LICIDAS, PHILINTHE.

LICIDAS.

ARIETTE.

Annette reçoit mes vœux.

PHILINTHE.

Annette est ma conquête.

LICIDAS.

Ma couronne a paré sa tête.

PHILINTHE.

Et les fleurs de la sienne ont tissu mes cheveux.
J'ai sa couronne.

LICIDAS.

Elle porte la nôtre.

ENSEMBLE.

Qui de nous deux est plus heureux ?

BERTHE.

Tous les deux, et ni l'un ni l'autre.
Quittez Annette,
Elle est coquette.
Suivant nos lois on doit la condamner ;
Une fillette,
Sage et discrète,
Ne doit jamais recevoir ni donner.

LA FÉE URGÈLE,
L'AVOCATE.

Lisette complaignante au sujet de Lucas.
Thérèse contre Blaise, et pour le même cas.

SCÈNE III.

THÉRÈSE, LISETTE.

THÉRÈSE.

ARIETTE.

Un loup, le soir, dans la prairie,
Prit ma brebis la plus chérie,
Et malgré mes cris l'emporta;
C'est que Blaise n'était pas là.

LISETTE.

Mon troupeau paissait dans la plaine,
Nous étions près d'une fontaine,
Un de mes agneaux y tomba;
Je n'en vis rien, car Lucas était là.

THÉRÈSE.

Comment me défendre seulette?

LISETTE.

Quand je le vois, je suis distraite.

THÉRÈSE.

C'est sa faute, il n'était pas là.

LISETTE.

Il a grand tort, il était là.

COMÉDIE.

ENSEMBLE.

THÉRÈSE.

C'est sa faute, il n'était pas là.

LISETTE.

Il a grand tort, il était là.

BERTHE.

Pour que Lisette
Soit moins distraite,
Sans différer qu'elle épouse Lucas.
Pour fixer Blaise
Près de Thérèse,
Nous ordonnons qu'il ne l'épouse pas.

SCÈNE IV.

ROBERT, L'AVOCATE, BERTHE, LES CONSEILLÈRES, LES ACTEURS PRÉCÉDENS.

L'AVOCATE.

Robert accusé par Marthon.

BERTHE.

Son sort me fait pitié.

UNE DES CONSEILLÈRES.

J'en ai l'ame saisie.

UNE AUTRE CONSEILLÈRE.

J'aime sa physionomie.

UNE AUTRE CONSEILLÈRE.

Il mérite sa grâce, étant si beau garçon.

BERTHE.

Approchez, chevalier, votre air noble et modeste,
Me fait gémir sur la nécessité
Qui m'a dicté
Une sentence si funeste.
Il n'est qu'un seul moyen d'éviter votre arrêt :
Chevalier, pouvez-vous résoudre
La question qui va vous perdre ou vous absoudre;
En un mot, avez-vous trouvé ce qui nous plaît ?

ROBERT.

ARIETTE.

Ce qui plaît à toutes les dames,
N'est pas facile à définir :
Il faudrait pénétrer leurs âmes;
Et comment y parvenir ?
A chaque instant leur goût varie,
Un seul point flatte leur envie;
Un point qui doit les réunir,
Je vais le dire,
Je vais le dire.

Plaire, charmer, séduire,
Est un bonheur dans leur printemps;
Mais gouverner, avoir l'empire,
Est leur plaisir dans tous les temps.

BERTHE, *avec le chœur.*

Il triomphe ! Qu'il soit absous :
L'Amour le conserve pour nous.

L'AVOCATE.

Nouvel Œdipe, dans ce jour,
Votre esprit pénétrant vous a sauvé la vie.

COMÉDIE,

BERTHE.

Modèle glorieux de la chevalerie,
Soyez l'ornement de ma Cour.

ROBERT.

Avec ma liberté je reprends mon armure :
J'emploierai l'un et l'autre à servir votre Etat.
C'est par des actions d'éclat
Que de mon zèle ardent je veux vous rendre sûre.

SCÈNE V.

LA VIEILLE, LES ACTEURS PRÉCÉDENS.

LA VIEILLE, à *Robert*.

ARIETTE.

Tout doucement,
Plus lentement,
Mon cher enfant.
Vous êtes triomphant :
J'en ai toute la gloire ;
Et vous devez,
Si vous avez
Bonne mémoire,
Beau chevalier,
M'en bien payer :
Oyez,
Ayez
Réminiscence.
Sans vous fâcher,
Je viens chercher
Ma récompense.

LA FÉE URGÈLE,

L'AVOCATE.

Comment donc, que vient nous conter
Cette figure surannée ?

ROBERT, à *l'Avocate.*

Gardez-vous de la maltraiter.

(*A la Reine.*)

Grande Reine, elle seule a fait ma destinée.

LA VIEILLE.

Oui, par mes soins, l'affaire est terminée.

L'AVOCATE.

On ne voit point ici Marthon :
On lui doit réparation.

LA VIEILLE.

Oh ! Marthon ! Marthon est contente.
J'ai son désistement, sa procuration,
Et c'est moi qui la représente.

L'HUISSIER.

Paix là ! faites attention.

LA VIEILLE.

Un premier mouvement se passe.
Marthon, en l'accusant, voulait qu'on lui fît grâce.
Qui ne la ferait point à ce preux chevalier ?
Jeunesse est une excuse, on doit tout oublier.

ROBERT.

Que ne vous dois-je pas, ma bonne et chère amie !

BERTHE.

Apprenez-moi par quel moyen
Elle a pu du péril garantir votre vie ?

LA VIEILLE.

Je vais vous dire tout, et sans supercherie ;
J'aime à parler, c'est tout mon bien :
Quand j'ai su l'affreuse disgrace,
Qui, de ce chevalier causait le désespoir,
Je m'en suis approchée exprès pour le mieux voir :
C'est le profit de ceux dont la vue est trop basse.
Mon ame fut toujours facile à s'émouvoir :
Son trouble, son air doux et son gentil langage
M'ont fait sentir que ce serait dommage
De laisser mourir sans secours
Un beau chevalier dont les jours
Pour ceux d'autrui seraient un avantage.
Jurant de déférer à ce qu'il me plairait,
(Serment de chevalier ne peut être frivole.)
Il a tiré de moi notre secret,
Et je viens le sommer ici de sa parole.

BERTHE.

Qu'avez-vous à répondre à ce beau plaidoyer ?
Parlez, illustre chevalier.

ROBERT.

La Vieille, en cet instant, vient de dire à la lettre
L'exacte et simple vérité :
Quand je saurai quelle est sa volonté,
Ma gloire et mon devoir seront de m'y soumettre.

LA VIEILLE.

Eh bien donc, réjouissez-vous,
Mon doux ami, vous serez mon époux.

ROBERT.

Quelle horreur!

LA VIEILLE.

Cette épithalame
N'est pas fade ; mais vous verrez
Qu'avec le temps vous m'aimerez.
Prenez donc par la main votre petite femme.

ROBERT.

Sur cet affreux objet jeter un seul regard !
Ah ! j'aime mieux subir ma première sentence.

BERTHE.

Bonne mère, à vos droits la Cour ayant égard,
Vous adjuge la récréance.

ROBERT, *en sortant.*

O ciel ! à quel malheur me trouvai-je réduit !

LA VIEILLE, *en le suivant.*

Tu n'échapperas pas ; va, ta Vieille te suit.

BERTHE.

Ç'en est assez, terminons la séance,
Et de nos Provençaux que la fête commence.

DIVERTISSEMENT
DES PROVENÇAUX.

(*Pendant le divertissement, on voit Robert qui traverse le théâtre comme un homme troublé; un groupe de jeunes filles l'entoure pour le dérober aux yeux de la Vieille qui paraît en même temps: la Vieille interrompt la fête par la romance qui suit.*)

L'AVEZ-VOUS vu mon bien-aimé
Il a ravi mon ame;
Mon tendre cœur s'est ranimé,
D'amour je sens la flamme.

Gentils objets, charmans et doux,
Il est peut-être parmi vous:
Rendez-le moi,
Il a ma foi,
Je suis sa noble dame.
Sans doute vous le charmerez;
Mais toutes, tant que vous serez,
Vous ne saurez,
Vous ne pourrez
L'aimer, l'aimer d'amour extrême,
Et tout ainsi que je l'aime.

L'avez-vous vu, mon bien-aimé?
Il a ravi mon ame;
Mon tendre cœur s'est ranimé,
D'amour je sens la flamme.

Est-il ici
Mon seul souci ?
Est-il ici
Mon bel ami ?
Si vous l'oyez,
Si le voyez,
Vous en aurez envie.
Hélas ! hélas !
Ne m'ôtez pas
Le bonheur de ma vie.
Dans ses regards est la fierté,
Noble franchise et loyauté ;
Fleur du matin
Est sur son tein,
Et dans son cœur est l'honneur même :
C'est aussi vrai que je l'aime.

L'avez-vous vu, mon bien-aimé ?
Il a ravi mon ame ;
Mon tendre cœur s'est ranimé,
D'amour je sens la flamme.

Pourquoi ces ris
Et ces mépris ?
Eh bien ! eh bien !
Ce n'est pas bien ;
Mais j'ai l'espoir
De le revoir :
C'est ce qui me console.
Oui, je m'en vais :
Il est Français ;
Il tiendra sa parole.

(*A ce mot, Robert s'avance vers la Vieille, lui présente la main et se retire avec elle.*)

(*La fête continue.*)

FIN DU TROISIÈME ACTE.

ACTE IV.

(Le Théâtre représente l'intérieur d'une pauvre chaumière : on voit d'un côté une vieille table à demi rompue ; quelques escabeaux délabrés, et dans le fond un arrière-cabinet à côté, qui se ferme par un rideau.)

SCÈNE PREMIÈRE.

ROBERT, LA HIRE.

(Robert est au bout de la table, la tête appuyée sur ses deux mains.)

LA HIRE.

Cette maison n'est ni riche, ni vaste ;
Et notre Vieille ne doit pas
Redouter le soupçon de donner dans le faste.

ROBERT.

Quelle est ma destinée ! hélas !

LA FÉE URGÈLE,
LA HIRE.

Je ne vous trouve point à plaindre ;
N'êtes-vous pas heureux, ayant eu tout à craindre ?
  Allons, montrez un esprit fort ;
Beaucoup de jeunes gens envieraient votre sort :
  Pour qui n'a rien, une chaumière
  Devient la demeure d'un Roi ;
Une lampe est un lustre éclatant de lumière :
Ne trouve pas qui veut des vieilles.

ROBERT.

Eh ! pourquoi
Combles-tu mes chagrins en y joignant l'outrage ?

LA HIRE, *avec attendrissement.*

Ah ! bien loin de vous affliger,
Je voudrais de grand cœur pouvoir vous soulager.
Votre épouse paraît, le devoir vous engage.....
  Mon cher maître, prenez courage.

SCÈNE II.

LA VIEILLE, ROBERT, LA HIRE.

LA VIEILLE, *portant un panier à son bras.*

ARIETTE.

Nous allons ici
Souper tête à tête,
Mon doux ami :
Pour moi quelle fête!
J'apporte à mon bras
Le petit repas.
Ces mets
Sans apprêts
Ne sont pas
Délicats ;
Mais
Un repas frugal
Est un régal,
Quand l'amour l'assaisonne.
Le plaisir donne
Du goût
A tout.
Ah ! ah !
Voilà
La petite bouteille
De fine liqueur,
Qui réveille, réveille,
Réveille le cœur.
Après le repas,
Ah ! ah !
N'est-ce pas,
La petite bouteille
De fine liqueur
Réveille, réveille,
Réveille le cœur ?

ROBERT.

Madame.....

LA VIEILLE.

Quel air froid ! Seriez-vous un ingrat,
Vous, vous, qui sur l'honneur êtes si délicat ?
(*La Vieille tire de son panier les provisions, et prépare la table.*)

LA HIRE.

Ah ! si mon maître a peine à rompre le silence,
C'est qu'il ne trouve point de termes assez forts
Pour.... ; et n'en trouvant point, alors....
L'excès de sa reconnaissance....
Lui coupe la parole.

LA VIEILLE.

Eh ! je l'en aime mieux ;
Mais je voudrais qu'il eût une autre contenance :
Le jour qu'on se marie on doit être joyeux ;
Soyez gai, chevalier.

ROBERT.

Je suis né sérieux.

(*A la Hire.*)
Prends mon cheval et mon armure,
La Hire, je t'en fais présent.

LA VIEILLE, *continuant d'arranger la table.*
Un plat de buis sert comme un plat d'argent.

ROBERT.

Annonce à mes pareils ma funeste aventure,
L'état affreux où je suis à présent.

COMÉDIE.

LA VIEILLE, *toujours occupée aux apprêts du repas.*

Eh! lorsqu'on est heureux, on n'est point indigent.

LA HIRE.

Quand on croit tout perdu, la fortune seconde.

ROBERT.

D'un maître qui t'aimait, mon ami, souviens-toi;
Il n'est plus de Robert au monde.

LA VIEILLE.

Vous soupirez, et je ne sais pourquoi.

LA HIRE.

Cette aventure, enfin, n'est pas des plus cruelles;
Oui, ne désespérez de rien.
Je ne veux pas troubler votre entretien;
Je reviendrai bientôt savoir de vos nouvelles.

ARIETTE.

Un chevalier plein de courage
Doit affronter tous les dangers:
Les vents, la tempête et l'orage
Pour lui sont des maux passagers;
Au-dessus d'une ame commune,
Par sa mâle intrépidité,
Il doit ramener la fortune,
Et subjuguer l'adversité.

Un chevalier plein de courage, etc.

SCÈNE III.

ROBERT, LA VIEILLE.

LA VIEILLE.

Mon ami, mettons-nous à table ;
Nous allons faire un repas agréable.
Çà, placez-vous à mon côté.
Vous vous obstinez à vous taire !
Je n'aime point la taciturnité,
Et je prétends, sans vous déplaire,
Refondre votre caractère.
Vous êtes un enfant gâté.
(*Tout en lui parlant, elle lui attache un bouquet.*)

ROBERT.

L'entreprise, à mon âge, est un peu difficile.

LA VIEILLE.

Eh ! bon ! bon ! votre âge n'est rien :
Si je pouvais changer le mien,
Je vous trouverais plus docile.

ROBERT.

Je pense que vous feriez bien.

LA VIEILLE.

Sachez que notre âge est le même,
Et qu'on est jeune tant qu'on aime.

COMÉDIE.

Qui dit vieillesse, dit insensibilité.
Si nous n'avons reçu qu'une ame languissante,
Nous tombons, en naissant, dans la caducité;
   Mais cette flamme active et pénétrante,
L'Amour, ce vrai présent de la Divinité,
Dans nos cœurs qu'il échauffe arrête la jeunesse;
Il conserve, il nourrit le feu de nos beaux ans,
     Et sait soustraire la vieillesse
     A la rapidité du temps.

ROBERT, à part.

   Ce paradoxe est vraisemblable :
   Elle pourrait persuader,
Si l'on pouvait ne la pas regarder.

LA VIEILLE.

   Si votre esprit est équitable,
   Vous êtes de mon sentiment.
Qu'avez-vous à répondre à mon raisonnement ?

ROBERT.

   Que vous êtes fort respectable.

LA VIEILLE.

   Une vieille, pleine d'égards,
A son époux adresse ses regards;
Pour lui plaire, saisit la moindre circonstance :
  Sa maison seule occupe tous ses soins;
   Elle épargne, l'époux dépense;
Elle n'est pas coquette; et, comme on lui doit moins,
    Elle a plus de reconnaissance.

LA FÉE URGÈLE,

ROBERT.

Oui ; mais je crois qu'on l'en dispense.

LA VIEILLE.

Je ne suis pas si fort à rebuter.

ROBERT, *à part.*

J'ai du plaisir à l'écouter.

(*Haut, avec sentiment.*)

On peut avoir pour vous l'amitié la plus grande.

LA VIEILLE.

Eh ! mon enfant, voilà tout ce que je demande.
Dans l'âge de l'amour sait-on en profiter ?
Le plaisir à nos yeux brille pour disparaître ;
On dissipe le temps souvent sans le connaître :
Quand on s'en aperçoit on ne peut l'arrêter.
L'âge de l'amitié, c'est l'âge où l'on moissonne ;
C'est l'âge d'un bonheur qui ne peut nous quitter :
Le temps augmente encore les présens qu'elle donne,
Et sans cesse on jouit, au lieu de regretter.

ROBERT.

Oui, mais.....

LA VIEILLE.

Votre Marthon vous tourne la cervelle :
Vous voudriez lui consacrer vos jours ;
Si j'étais jeune et jolie autant qu'elle,
Vous feriez le serment de m'adorer toujours.

ROBERT.

Ah ! oui, toujours, toujours.

COMÉDIE.

LA VIEILLE.

Oui, mais si quelque orage
Flétrissait, détruisait la fleur de mon printemps,
Si j'essuyais des ans l'infaillible ravage,
Que deviendraient tous vos sermens ?

ROBERT.

Alors.....

LA VIEILLE.

Brûleriez-vous du feu qui vous possède,
Et scrupuleusement garderiez-vous la foi
A Marthon, devenue aussi vieille, aussi laide
Que je le suis ? Regardez-moi.

ROBERT *la regarde; et détourne les yeux aussitôt.*

Cette épreuve serait terrible....
Si Marthon devenait..... la chose est impossible.

LA VIEILLE.

Ah ! j'entends, pour vos feux l'écueil serait fatal.
Voilà ce chevalier généreux et loyal,
Devenu parjure et volage.

ROBERT.

Eh !.....

LA VIEILLE.

Votre gloire en souffrirait ;
Mais si vous me rendiez hommage,
Songez à tout l'honneur que cela vous ferait.

ROBERT.

Il est vrai.....; mais....

LA FÉE URGÈLE,

LA VIEILLE.

Toutes les bonnes dames,
Qui de la reine Berthe embellissent la Cour,
Graveraient votre nom dans le fond de leurs ames,
Placeraient votre buste au temple de l'Amour;
Votre fidélité, célébrée et chérie,
Annoncerait en tout pays
Le modèle parfait de la chevalerie.
Hem! m'entendez-vous, mon cher fils?

ROBERT.

Ah! ma bonne, pourquoi me forcer à vous dire
Que Marthon sur mon cœur conserve son empire?
Pour attaquer mes jours, je sais ce qu'elle a fait;
Mais malgré sa trame cruelle,
Son ascendant l'emporte et triomphe toujours;
Vous avez conservé mes jours,
Je ne les chéris que pour elle.

LA VIEILLE.

C'en est trop, je ne puis endurer tes mépris.
Je pourrais te citer au tribunal de Berthe,
De ta déloyauté tu recevrais le prix;
Mais j'aime mieux mourir que de causer ta perte.

ROBERT.

Non, vos jours me sont chers; mais songez.....

COMÉDIE.

LA VIEILLE.

Laisse-moi,
(*La vieille se retire dans le cabinet.*)
Ne me suis pas; va, je te rends ta foi:
Applaudis-toi de ton ouvrage,
Je cède à mon destin affreux;
Je m'affaiblis.... la mort vient obscurcir mes yeux.

ROBERT.

Tous mes sens sont émus de cette triste image.

LA VIEILLE.

Tu ne reverras plus ta bonne vieille : hélas!
Elle souhaite, au lieu de venger son trépas,
Qu'une autre t'aime davantage.

ROBERT.

Qu'entends-je!

LA VIEILLE.

Gardez-vous de le punir, grands Dieux!
Il termine mes jours, rendez les siens heureux.
Adieu, cruel, adieu, j'expire et je t'adore,
Lorsque tu me perces le cœur.
Dans mes derniers momens, j'ai la faiblesse encore
De craindre que ma mort ne te porte malheur.
(*La vieille tire le rideau du cabinet, pour se cacher aux yeux de Robert.*)

ROBERT.

Vivez, vivez, ma respectable bonne,
La perte de vos jours causerait mon trépas;

Disposez de mon sort.... Marthon, que j'abandonne....
La pitié, le devoir, l'honneur, tout me l'ordonne.
Qui, je jure....

LA VIEILLE.
N'achevez pas.

SCÈNE IV.

ROBERT, LA FÉE URGÈLE *sous les traits de* MARTHON, ROBINETTE, NYMPHES *de la suite* D'URGÈLE.

(*Le théâtre change, la chaumière est transformée en un palais magnifique, et la fée Urgèle paraît sur un trône brillant, environnée de Nymphes de sa suite.*)

ROBERT.

O Ciel! quel éclat m'environne!

LA FÉE URGÈLE.

ARIETTE.

Fidèle amant, soyez heureux;
Mon cœur est satisfait de votre obéissance.
Vous avez rempli tous mes vœux,
Venez partager ma puissance,
Vous avez rempli tous mes vœux.

Fidèle amant, soyez heureux, etc.

ROBERT.

Que vois-je! c'est Marthon! O Dieux! par quel prodige!...

SCÈNE V, et dernière.

LA HIRE, DES CHEVALIERS, amis de Robert, LA FÉE URGÈLE, ROBINETTE, LES ACTEURS PRÉCÉDENS.

LA HIRE, *suivi des Chevaliers errans, amis de Robert.*

J'amène ici vos chevaliers.... Où suis-je ?

LA FÉE URGÈLE, *à Robert.*

J'ai trop joui de ton erreur.
La vieille était Marthon, et Marthon est Urgèle,
Des braves chevaliers, protectrice fidèle.
Depuis long-temps j'admirais ta valeur;
Et je sentis bientôt qu'en admirant on aime.
Sous des traits différens, quand j'éprouvais ton cœur,
 En te cachant mon rang et ma grandeur,
Je voulais ne devoir ton amour qu'à moi-même.

LA HIRE, *à Robert.*

Ce n'est pas jouer de malheur.

ROBERT.

Vous avez commencé par me paraître aimable,
Et mes feux sont plus forts que mon ambition;
A mes regards surpris, la fée est respectable :
Mais je suis plus content de retrouver Marthon.

LA FÉE.

A la beauté tout rend les armes,
Mais il est des biens plus flatteurs :
Pour fixer, enchaîner les cœurs,
L'esprit, les sentimens valent mieux que les charmes ;
Les fruits durent plus que les fleurs.

(*Robert présente la main à la Fée pour la conduire
à son trône, et se place à côté d'elle.*)

ROBINETTE.

La Hire, je suis Robinette.

LA HIRE.

Un peu sorcière aussi ? Qu'importe, je t'entends.

ROBINETTE.

Reçois ma main.

LA HIRE.

L'aventure est complète,

ROBINETTE.

Oui, mais ne soyez plus des chevaliers errans.

DUO.

ROBERT, LA FÉE.

Jouissons d'un bonheur suprême ;
L'Amour couronne notre ardeur.

CHŒUR.

Jouissez d'un bonheur suprême ;
L'Amour couronne votre ardeur.

LA FÉE.

A tous les biens je préfère ton cœur ;
C'est pour toujours, oui pour toujours que j'aime.

COMÉDIE.

ROBERT.

J'ai tous les biens lorsque j'ai votre cœur ;
C'est pour toujours, oui pour toujours que j'aime.

ROBINETTE.

La Hire m'aime, et la Hire a mon cœur.
Je l'aimerai toujours, toujours de même.

LA HIRE.

Vous nous trompiez pour avoir notre cœur,
Attrapez-nous toujours, toujours de même.

**LA FÉE.
ROBERT.
ROBINETTE.
LA HIRE.**
Jouissons d'un bonheur suprême ;
L'Amour couronne notre ardeur.

CHŒUR.

Jouissez d'un bonheur suprême ;
L'Amour couronne votre ardeur.
Vous n'avez point dédaigné la laideur ;
Vous méritez que la beauté vous aime.

Jouissez d'un bonheur suprême ;
L'Amour couronne votre ardeur.

(Les chevaliers errans dansent avec les nymphes de la suite de la Fée Urgèle, et viennent rendre hommage à Robert et à la Fée, ce qui forme un ballet qui termine la pièce.)

FIN.

LES MOISSONNEURS,

COMÉDIE

EN TROIS ACTES ET EN VERS,

MÊLÉE D'ARIETTES.

Représentée pour la première fois par les Comédiens Italiens ordinaires du Roi, le 27 janvier 1768.

Laisse tomber beaucoup d'épis,
Pour qu'elle en glane davantage.

AVERTISSEMENT.

Plusieurs personnes reprocheront peut-être à ce Drame de renfermer trop de morale; mais j'ai voulu attacher le spectateur, l'intéresser; et j'ai cru que l'amour de l'humanité avait autant de droits sur les cœurs, que la gaîté en a sur les esprits.

Si cet Ouvrage a le bonheur de réussir, je n'en devrai le succès qu'à mes amis, que je me ferai toujours gloire de consulter.

A MONSEIGNEUR
LE DUC DE CHOISEUL,

Pair de France, Chevalier des Ordres du Roi et de la Toison d'Or, Colonel-général des Suisses et Grisons, Ministre et Secrétaire d'État, etc., etc.

MONSEIGNEUR,

On trouve dans cette pièce de la bienfaisance et de la sensibilité ; par conséquent elle appartient à votre cœur. Un Ouvrage qui donne des leçons d'humanité, doit être offert à celui qui en donne tous les jours des exemples.

Je suis avec le plus profond respect,

DE VOTRE GRANDEUR,

MONSEIGNEUR,

Le très-humble et très-obéissant serviteur,
FAVART.

ACTEURS.

CANDOR, Seigneur du village.
ROSINE.
GENNEVOTE, belle-mère de Rosine.
DOLIVAL, neveu de Candor.
RUSTAUT, économe de Candor, et son homme de confiance.
GUILLOT, vieux moissonneur.

COMMÈRES BABILLARDES.

MAROTE.
LA TRINQUART.
NICOLE.

MOISSONNEURS.

Le père TRINQUART.
PIERRE.
JÉROSME.
MOISSONNEURS ET MOISSONNEUSES.
DOMESTIQUES DE CANDOR, } personnages muets.
UN LAQUAIS DE DOLIVAL,

LES MOISSONNEURS,

COMÉDIE.

ACTE PREMIER.

Le Théâtre représente un paysage; à droite est une chaumière, à côté de laquelle est un banc de pierre; à gauche est un petit tertre couronné par un orme : il sort de cet endroit une source d'eau vive qui forme un bassin; derrière est une chaîne de hautes montagnes, qui se perd dans l'éloignement. On voit à quelque distance le château seigneurial; un vaste champ de blé occupe le reste de la campagne.

SCÈNE PREMIÈRE.

GENNEVOTE, ROSINE.

(*L'aurore commence à paraître; on voit encore les étoiles. La cabane est ouverte; elle est éclairée par une lampe. Gennevote, assise sur le banc, file sa quenouille. Rosine, dans l'intérieur de la maison, mesure un boisseau de grain.*)

GENNEVOTE.

ARIETTE.

Le temps passe, passe, passé
Comme ce fil entre mes doigts :

N. B. Dans le premier acte, le ciel s'éclaire peu à peu, la vapeur du matin se dissipe, et le soleil se lève; au second, il est

Il faut en remplir l'espace;
Il est à nous autant qu'aux rois.

Que j'étais digne d'envie,
Quand je possédais mon époux!
Mais le bonheur de la vie
Trop souvent s'éloigne de nous.

Le temps passe, etc.

Notre course passagère
Prescrit assez l'emploi des jours :
C'est le seul bien qu'on peut faire
Qui les rend trop longs ou trop courts.

Le temps passe, etc.

ROSINE.

Ma bonne maman, tenez,
Voilà le produit tout juste
Des épis qu'hier j'ai glanés
Après les moissonneurs de cet homme si juste,
Du bon monsieur Candor.

GENNEVOTE.

Rosine, c'est fort bien;
Ménagez-vous pourtant, vous êtes délicate.

ROSINE.

Pour vous aider, dois-je négliger rien?
J'ai de la force assez pour n'être pas ingrate.
On voit du jour naissant la première lueur;
Soufflerai-je la lampe à présent?

---

au-dessus de l'horizon, et dans le commencement du troisième, il paraît dans toute sa hauteur, et décline jusqu'à la fin de la journée. Ce mouvement progressif doit se faire imperceptiblement; mais son effet doit être sensible dans les trois actes.

COMÉDIE.

GENNEVOTE.

Oui, sans doute :
Lorsque l'on est dans le malheur,
La plus faible dépense coûte.

(*Rosine va éteindre la lampe.*)

GENNEVOTE.

La pauvre enfant! Ah! quel état affreux!

ROSINE, *entendant soupirer sa mère, revient avec émotion.*

Maman, vous soupirez....

GENNEVOTE.

Je plains ta destinée :
Ma fille, tu n'étais pas née
Pour passer avec moi des jours si douloureux.

ROSINE.

Ah! j'ai pris mon parti, ma mère ; tendre mère !
Si mon travail cessait, vous seriez dans les pleurs.
Je vous verrais souffrir l'affront de la misère ;
Mes fatigues ont des douceurs.

ARIETTE.

Dès que l'aurore vermeille
Répand l'air frais du matin,
J'entends bourdonner l'abeille,
Caressant la fleur du thym.
Les oiseaux, par leur ramage,
Annoncent des jours sereins.
Ils s'envolent du bocage
Pour piller les pre

LES MOISSONNEURS,

La glaneuse se contente
Des épis laissés aux champs :
La nature bienfaisante
A soin de tous ses enfans.

GENNEVOTE.

Rosine.... Je voudrais t'appeler Melincour :
C'était le nom de ton malheureux père,
Qui semblant réunir la fortune et l'amour,
Eut pour première épouse une femme étrangère.

ROSINE.

Je fus l'unique fruit d'une union si chère.

GENNEVOTE.

Mais tu perdis ta mère en recevant le jour.

ROSINE.

Ah ! comme je l'aurais aimée !
Mais vous la remplacez, vous êtes dans mon cœur;
Et d'une belle-mère écartant la froideur,
C'est par le sentiment que vous m'avez formée.

GENNEVOTE, *après un temps*.

Je ne connus jamais l'ambition :
Cette chaumière était mon héritage.
Pour adoucir ma situation,
Melincour se garda d'emprunter le langage
Qui conduit l'indigence à la séduction.
Il voulut que sa main de l'amour fût le gage.
Je lui représentai que le monde sensé
Condamnerait ce mariage,
Qu'on le trouverait déplacé.

COMÉDIE.

Ma franchise le fit insister davantage,
Cet himen par l'honneur lui semblait assorti.
 J'étais pauvre, mais j'étais sage ;
 Je lui parus un bon parti.

ROSINE.

Sa vie avec nos biens périt dans un naufrage.

SCÈNE II.

RUSTAUT, GENNEVOTE, ROSINE.

RUSTAUT, *sans être vu.*

 Allons, allons, courage.
 A l'ouvrage, à l'ouvrage.
CHŒUR de *Moissonneurs qui ne paraissent point encore.*
 Allons, allons, courage.
 A l'ouvrage, à l'ouvrage.

GENNEVOTE.

Je te connais une ressource encor :
 Melincour et monsieur Candor
Étaient cousins-germains. Va le trouver, ma fille :
Candor est honnête homme, il aime sa famille.

ROSINE.

Je n'oserais.

GENNEVOTE.

 Il sera le premier......

ROSINE.

Monsieur Candor a l'ame bienfaisante,
Tout le village aime à le publier;
Mais si nous lui disions que je suis sa parente,
Il pourrait s'en humilier.

GENNEVOTE.

Eh! oui, la vanité souvent trouve son compte
Dans des secours auxquels on n'est pas obligé;
Mais quand dans l'indigence un parent est plongé,
C'est un créancier qui fait honte.
D'ailleurs, tu sais bien qu'un procès
Pendant toute leur vie a désuni leurs pères.

ROSINE.

Faut-il qu'à de vils intérêts,
Plutôt qu'à leur amour on distingue des frères!...

GENNEVOTE.

Les haines sont héréditaires.

ROSINE.

Mais de votre côté n'est-il pas un moyen
De vous procurer plus d'aisance?
Il reste quelques fonds.

GENNEVOTE.

Un douaire est un bien
Que je pourrais réclamer, je le pense;

Mais ceux à qui l'on doit seraient frustrés alors :
    Je prendrais sur leur existence.
C'est en vain que la loi justifierait mes torts :
Pourrais-je me nourrir de leur propre substance ?
Mes droits nuiraient aux leurs.... ah ! je les cède tous ;
    Et le bonheur de satisfaire
    A la mémoire d'un époux,
    Vaut beaucoup mieux que mon douaire.

SCÈNE III.

GENNEVOTE, ROSINE, RUSTAUT,
et une partie des Moissonneurs.

RUSTAUT, *aux Moissonneurs.*

Allons, allons, courage,
A l'ouvrage, à l'ouvrage.

CHŒUR *des Moissonneurs.*

A l'ouvrage, à l'ouvrage.

GENNEVOTE.

Tandis que tu vas à l'ouvrage,
Je vais arranger le ménage.

CHŒUR.

A l'ouvrage, à l'ouvrage.

(*Les Moissonneurs se préparent à travailler; Gennevote et Rosine rentrent leurs ustensiles dans la cabane.*)

LES MOISSONNEURS,

RUSTAUT, *à un jeune Moissonneur.*

Jeune homme, il faut dans ton printemps
Acquitter le tribut de tes forces nouvelles.
(*A un Vieillard.*)
Et toi, dont la faiblesse est l'effet de tes ans,
Fais des liens pour les javelles.
Je ne vois pas encor tous nos *seyeux* *.
Toujours en retard on demeure.
Je vais rabattre un quart de jour à ceux
Qui n'arriveront qu'après l'heure.

ROSINE.

Ma mère, on vient de toutes parts :
Chacun est au travail : je pars.

RUSTAUT, *au milieu des Moissonneurs.*

Je n'ai pas encor tout mon monde.
Où sont ces Champenois que j'avais arrêtés ?
A dormir seraient-ils restés ?
Sans cesse il faut que je fasse ma ronde.

---

* *Seyeux* est un terme usité dans les provinces et dans les environs de Paris, pour désigner les gens qui coupent les blés.

SCÈNE IV.

CANDOR, *suivi du reste des Moissonneurs*,
RUSTAUT.

CANDOR.

Les voici, mon ami Rustaut ;
 Tu te fâches toujours trop tôt.
On n'excite au travail qu'en offrant des amorces :
 La rudesse en doit détourner.
Ces gens viennent de loin : pour leur donner des forces,
 Je les ai fait bien déjeûner.

RUSTAUT.

Eh ! qu'ils travaillent donc.

CANDOR.

Là, c'est ce qu'ils vont faire.
 Ta dureté dément ton caractère :
Je te connais humain ; mais ton air est grossier.
Etant aussi bon homme, il est bien singulier
 Que tu sois sans cesse en colère.

RUSTAUT.

Mais ce n'est que pour votre bien.
 Il m'est fort aisé de me taire :
Puisque vous le voulez, je ne dirai plus rien.
(*Il va au fond du théâtre, avec les Moissonneurs,
 et les disperse de côté et d'autre.*)

LES MOISSONNEURS,

CANDOR.

(Pendant l'ariette suivante, les Moissonneurs coupent les blés dans le fond du théâtre; Rosine les suit et glane.)

ARIETTE.

Heureux qui sans soins, sans affaires,
Peut cultiver ses champs en paix!
Le plus simple toit de ses pères
Vaut mieux que l'éclat des palais.
Ma terre rend avec usure
Tous les présens que je lui fais;
Et j'observe que la nature
N'est qu'un échange de bienfaits.
Que les Grands près de nous se rendent,
Qu'ils viennent prendre une leçon.
Ils perdent les biens qu'ils répandent;
L'ingratitude est leur moisson.
Heureux qui sans soins, sans affaires, etc.

RUSTAUT, *à Rosine.*

Que fait donc là cette petite fille?
Retirez-vous.

ROSINE.

Mais....

RUSTAUT.

Mais cela babille.
Je m'embarrasse peu de votre air chiffonné;
Vous perdez avec moi vos mines gracieuses.
Attendez qu'on ait moissonné;
Imitez les autres glaneuses.

ROSINE, *laissant tomber les épis qui sont dans son tablier.*

Monsieur, ne grondez pas si fort.
Tenez, je vous rends tout, si je vous ai fait tort.

COMÉDIE.

CANDOR, *bas à Rustaut.*

Pourquoi la chagriner ? Elle est jolie et sage.
Elle est dans le besoin. Je ne sais rien de pis
Que de mortifier les gens que l'on soulage.
 Laisse tomber beaucoup d'épis,
 Pour qu'elle en glane davantage.
(*Pendant ce temps, Rosine essuie avec son tablier
 de petites larmes qui coulent de ses yeux.*)

RUSTAUT.

Hon! vous êtes trop bon.

CANDOR.

     Tais-toi.
 On s'enrichit de ce qu'on donne ;
  Le malheur est sacré pour moi.
Ramasse ces épis ; fais ce que je t'ordonne.

RUSTAUT, *en remettant dans le tablier de Rosine les épis
 qu'elle a laissé tomber.*

Prenez donc tout le champ, puisque Monsieur le veut.

ROSINE.

J'en userai d'une façon prudente.

CANDOR, *à part.*

Sa douceur me touche et m'émeut....
Elle est vraiment intéressante.

SCÈNE V.

DOLIVAL, CANDOR.

DOLIVAL.

Hé! bon jour, mon cher oncle.

CANDOR.

Ah! Dolival, c'est toi?
Je ne t'attendais pas, mon ami; je te voi
De bien bonne heure cette année?....

DOLIVAL.

Je me suis dérobé pour faire une tournée.
Il faut bien que Paris se passe un peu de moi.
Mais je ne serai pas long-temps ici, je croi.
(*Regardant de côté et d'autre avec inquiétude, mais sans affectation.*
Certaine affaire.... il faut qu'elle soit terminée....
J'ai toujours pour la chasse une ardeur effrénée.
Mon oncle, les perdreaux sont-ils déjà bien forts?

CANDOR.

La plaine n'est pas découverte,
Et j'en respecte les trésors :
Aucun plaisir ne peut en compenser la perte.

COMÉDIE.

DOLIVAL.

Tout en courant la poste, observant le pays,
(C'est à quoi je prends toujours garde.)
Je n'ai pas découvert une seule perdrix :
Il ne s'est pas offert à mes yeux un seul garde.

CANDOR.

Mes gardes sont mes habitans.

DOLIVAL.

Ah! mon pauvre oncle, je parie
Qu'à braconner la terre ils passent tout leur temps.

CANDOR.

Cela se peut; mais ma table est servie.

DOLIVAL.

Mais vous n'avez donc pas le plaisir de tuer.

CANDOR.

Quel est ce plaisir-là?

DOLIVAL.

C'est le seul dans la vie
Pour un chasseur adroit qui sait l'effectuer.

ARIETTE.

Je vais toujours en plaine,
Avec une douzaine
De beaux et bons fusils :
Pour que mes faits éclatent,
Vingt valets me rabattent
Le gibier du pays.
En l'air, sur votre tête,
A vous, le coup du Roi.
Pan! pan! le coup du Roi.
Il court. Arrête! arrête!

Brillant ? Diane ? à moi.
Une caille ; elle est morte.
Un levreau ; pan ! à bas.
Un faisan ; pan ! apporte.
Pan ! pan ! à chaque pas.
Apporte, apporte, apporte.

Pendant un jour entier,
(Quel plaisir que la chasse !)
J'abats et je terrasse
Cent pièces de gibier :
Un faisan, vingt perdreaux,
Six lapreaux,
Dix levreaux.
Une caille : elle est morte.
Apporte, apporte, apporte.

Pendant un jour entier, etc.

CANDOR.

Mon cher neveu, je te plains et je t'aime ;
Mais j'ai pitié de tes plaisirs.
Plus délicat que toi, je jouis de moi-même :
Le calme de mes jours vaut mieux que tes désirs.

DOLIVAL.

Mais, mais, enfin, quand on s'ennuie....
Mon cher oncle, avez-vous de la société ?

CANDOR, *montrant ses Moissonneurs.*

Mon ami, la voilà.

DOLIVAL.

Mais, mais, en vérité,
Cela fait bonne compagnie !

CANDOR.

Oui, très-bonne, et j'en fais grand cas :
Nous devons notre vie aux efforts de leurs bras.
Cette espèce que tu méprises,
Est victime des gens qui ne servent à rien.
Quand vous avez au jeu perdu tout votre bien,
Vous les pressurez tous pour payer vos sottises :
Les excès où vous vous plongez
Ferment vos cœurs, les endurcissent.
Les oisifs sont heureux, les travailleurs gémissent :
Ils font valoir vos biens, et vous les engagez ;
Vous les ruinez tous, quand vous vous dérangez ;
Vos dépenses les appauvrissent :
Ils cultivent la terre, et vous la surchargez.

DOLIVAL, à part.

Mon oncle a de vieux préjugés.
(*Haut.*)
Comme vous voilà fait, mon oncle ! La décence
Veut un habillement conforme à la naissance :
On vous prendrait pour un fermier.

CANDOR.

J'ai l'honneur d'en être un : je fais valoir ma ferme,
Et je me livre tout entier
Aux détails infinis que cet emploi renferme :
Je tire vanité de l'habit du métier.

LES MOISSONNEURS,

DOLIVAL.

Mais l'étoffe pourrait en être moins grossière.

CANDOR.

C'est bon pour le soleil, la pluie et la poussière.

DOLIVAL.

Vous êtes presque mis comme vos habitans.

CANDOR.

Eh! mais sans doute. Il n'est pas nécessaire
Qu'un seigneur, qui n'est qu'un bon père,
Soit plus paré que ses enfans.

DOLIVAL.

Votre maison a l'air d'une caserne :
Comment! depuis un an vous n'avez rien changé!
Je vous l'ai dit cent fois, vous êtes mal logé.
Oh! c'est un soin qui me concerne.
Je veux vous amener l'architecte que j'ai :
Il saura lui donner un petit air moderne.

CANDOR.

Un architecte fait aux anciens bâtimens
Ce qu'un docteur en médecine
Fait aux faibles tempéramens :
A force d'y toucher, il hâte leur ruine.
Si j'avais avec moi grand nombre de valets,
Si j'étais grand seigneur, ou si j'étais né prince,
On me saurait bon gré d'élever des palais,
Pour faire circuler l'argent dans ma province.

Mon cher neveu, je veux que ma maison,
De simple et modeste apparence,
Annonce aux yeux de la raison
Plus de commodité que de magnificence.
Pour y bien recevoir mes amis, mes égaux,
Je veux, comme mon cœur, qu'elle soit à l'antique.
La gaîté, le bonheur sont sous un toît rustique :
Ils s'égarent dans des châteaux.

DOLIVAL.

Mon oncle, cependant si vous vouliez comprendre....

CANDOR.

Mon temps est précieux, je le perds à t'entendre ;
Et mes momens seront mieux employés ailleurs.
Prends mes furets ; je te ferai conduire
Sur tous les terriers les meilleurs.
Les lapins mangent tout, tâche de les détruire ;
Moi, je vais retourner avec nos moissonneurs.

DOLIVAL, *apercevant Rosine qui glâne.*

La voilà, la voilà ; c'est elle....
Je suis dans un ravissement....
Plus que jamais....

CANDOR.

Hein ? que dis-tu ? comment ?

DOLIVAL.

La chasse....

CANDOR.

Cours où le plaisir t'appelle.

DOLIVAL.

Vous êtes à présent dans de grands embarras ;
Je vais de mon côté....

CANDOR.

Soit, comme tu voudras.

DOLIVAL.

Abordons-la, tandis que rien ne m'en empêche.

(*Il joint Rosine, et ramasse des épis qu'il lui présente ; Rosine s'éloigne de lui avec précipitation ; Dolival la suit.*)

SCÈNE VI.

CANDOR, UN VIEILLARD, RUSTAUT.

CANDOR, *à part.*

Il ne s'occupera que de frivolités....

(*Il aperçoit le bon vieillard Guillot qui puise de l'eau à la fontaine pour se désaltérer.*)
Arrêtez, bonhomme, arrêtez ;
Qu'allez-vous boire ?

LE VIEILLARD.

De l'iau fraîche,
Tout sortant de sa source ; et c'est un vrai régal.
Quoi ! vous me l'ôtez ?

COMÉDIE.

CANDOR.

Oui, vous êtes tout en nage,
Accablé de fatigue, et surtout à votre âge :
La fraîcheur de cette eau peut vous faire du mal.

LE VIEILLARD.

Ah! Monseigneur, qu'vous avais l'ame bonne!
Vous daignais vers le pauvre adresser un regard.

CANDOR.

Holà! Rustaut, approche, et donne
De mon vin à ce bon vieillard.

LE VIEILLARD.

Ah! Monseigneur, ça ne peut pas se croire.
Quoi! vous ne comptez pas mes pauvres jours pour rien?
Vot' bonté me fait plus de bien
Que le vin qu'ous me faites boire.

CANDOR.

Le soleil darde ici trop fort, mon cher Rustaut;
Conduis nos moissonneurs au bas de la montagne,
Où l'ombre encor s'étend sur la campagne.

RUSTAUT.

C'est bien dit : nous aurons moins chaud.

CANDOR.

Attends, attends; je vais les conduire moi-même.

LE VIEILLARD.

Queu bon Seigneur! Le ciel nous l'a donné.

CANDOR.

Pendant ce temps ordonne leur dîné.
Ah! ces pauvres gens, je les aime;
Je veux manger sans façon avec eux.
Ce repas-là sera joyeux,
Et nous serons entre nous autres.
Si mon neveu se croit trop grand Seigneur,
Et se refuse le honheur
D'être aujourd'hui des nôtres,
Tu le feras servir séparément :
Il s'ennuira seul noblement.
Écoute, écoute encor : Gennevote et Rosine
Avec grand soin cachent ce qu'elles sont :
L'estime générale est le bien qu'elles ont;
Mais c'est le seul. Leur état me chagrine :
Tâche de démêler leur secret.

RUSTAUT.

J'imagine
Que vous voulez devenir leur soutien.
C'est bien fait; je suis bon, et ne m'oppose à rien.
Obliger n'est jamais une dépense folle :
J'ai du plaisir, quand vous faites du bien;
Je suis brutal, quand on vous vole.

(*Il sort.*)

SCÈNE VII.

CANDOR, *aux Moissonneurs.*

ARIETTE.

Enfans, laissez votre ouvrage;
Venez près de ces côteaux
Pour moissonner à l'ombrage
Que répandent ces ormeaux.
Je remplis les lois certaines
Que mon cœur sait m'enseigner;
Quand vous vous donnez des peines,
Je dois vous en épargner.

Venez, venez près des côteaux, etc.

Conservez-vous pour me plaire....
Votre bonheur est le mien;
J'en suis le dépositaire,
Et c'est veiller sur mon bien.

Venez, venez près des côteaux, etc.

(*Les Moissonneurs viennent à la voix de Candor; il les emmène pour travailler de l'autre côté de la montagne.*)

FIN DU PREMIER ACTE.

ACTE II.

SCÈNE PREMIÈRE.

DUO.

ROSINE.

Ah! laissez-moi, de grâce;
Je n'en ai pas le temps,
Je n'en ai pas le temps.
Les filles du village
Avant moi vont glaner.
Ah! laissez-moi, de grâce,
Je n'en ai pas le temps.

DOLIVAL.

Restez, restez, de grâce;
Vous devez être lasse.
Causons quelques instans.
Ce n'est pas à vôtre âge
Qu'on s'occupe à glaner;
Vous pouvez moissonner.
Restez, restez, de grâce,
Vous devez être lasse.
Causons quelques instans.

DOLIVAL, *l'arrêtant.*

Votre obstination est vaine:
Vous resterez.

ROSINE.

Quand je vous dis
Que vous me faites de la peine;
Laissez-moi m'en aller.

DOLIVAL.

Je vous chéris.

ROSINE.

Tant pis.
Voyez, quand vous m'aurez fait perdre ma journée,
En serez-vous plus avancé ?

DOLIVAL.

Oui.

ROSINE.

Quand de la moisson le temps sera passé,
Me rendrez-vous mon profit de l'année ?

DOLIVAL.

Oui.

ROSINE.

Serez-vous bien plus heureux,
Lorsque je passerai ma vie à ne rien faire ?

DOLIVAL.

Oui.

ROSINE.

Pour moi c'est tout le contraire :
L'oisiveté rendrait tous mes jours ennuyeux.

Ariette.

Pendant toute la semaine
Je me donne de la peine :
J'en goûte mieux le repos :
Quand arrive le dimanche ;
Une gaîté vive et franche
Me fait oublier mes maux.
Je mets mon corps, je me lace,
Je me pare de bluets ;
En dansant je me délasse,
Et je ris les jours d'après.

LES MOISSONNEURS,

DOLIVAL.

Je soutiens que le sort ne vous a pas fait naître
Pour consumer vos jours à travailler ainsi.

ROSINE.

Eh bien, moi, je vous dis que si :
Je le sais mieux que vous, peut-être.
Adieu, Monsieur.

DOLIVAL.

Pourquoi cette rigueur ?
Par quel entêtement voulez-vous vous soustraire
Aux offres que vous fait mon cœur ?

ROSINE.

Votre cœur ?

DOLIVAL.

Oui.

ROSINE.

Mais moi je n'en ai point affaire.

DOLIVAL.

Je suis neveu du bon monsieur Candor.

ROSINE.

Je le sais bien.

DOLIVAL.

Il vous aime.

ROSINE, *à part*.

Il nous aime ?
S'il était vrai !....

COMÉDIE.

DOLIVAL.

Moi, beaucoup plus encor;
Et je suis un autre lui-même.
Oui, j'aurai soin de votre sort.
Venez..... Comment? vous êtes défiante?

ROSINE.

Maman dit que c'est le plus sûr.

DOLIVAL.

Il faut qu'apparemment vous ayez un cœur dur.
Vous craignez le plaisir d'être reconnaissante.

ROSINE.

Ma mère, assurément, me justifierait bien.
Ce qu'elle fait pour moi me rend heureuse.
Ma tendresse jamais ne se dément en rien;
Et si je vous devais, j'en deviendrais honteuse.

DOLIVAL, *avec empressement.*

Ma chère enfant, vous avez tort.

ROSINE.

Permettez-moi d'aller chercher ma mère :
Elle est déjà sur l'âge; et c'est avec effort
Qu'elle prend une peine à sa santé contraire.
Moi je suis jeune assez pour travailler encor.
Réservez-lui le bien que vous voulez me faire.

DOLIVAL.

Cela ne se peut pas.

LES MOISSONNEURS,

ROSINE.

Je comprends, pour le coup;
Vous n'avez pas pitié des vieilles.

DOLIVAL.

Pas beaucoup;

SCÈNE II.

ROSINE, DOLIVAL, GENNEVOTE.

ROSINE, à Gennevote.

Vous venez à propos, maman, prenez ma place;
De ce Monsieur la bonté m'embarrasse.
C'est un bien honnête homme, au moins, ce Monsieur-là :
On en trouve pourtant beaucoup de cette sorte,
Et la compassion le porte
A secourir la jeunesse.

GENNEVOTE.

Oui-dà!
Et la vieillesse?

ROSINE, en rentrant dans la cabane.

Il vous dira cela.

SCÈNE III.

GENNEVOTE, DOLIVAL.

DOLIVAL.

Je fais le plus grand cas de votre connaissance,
Ma bonne, je vous vois avec un vrai plaisir.

GENNEVOTE.

Eh! qui peut, s'il vous plaît, vous donner ce désir?
Ce n'est pas ma magnificence.

DOLIVAL.

Je suis touché de voir votre malheur :
Je veux que vous soyez contente.

GENNEVOTE, *à part*.

Je l'ai toujours pensé, c'est un franc séducteur.
(*Haut.*)
Cette promesse surprenante....
Par où puis-je la mériter ?

DOLIVAL.

Comment donc! vous avez une fille charmante....

GENNEVOTE.

Ah! votre compliment doit beaucoup me flatter.

LES MOISSONNEURS,

DOLIVAL.

AIR.

Que Rosine est touchante et belle !
Elle plaît sans le rechercher :
La nature y songe pour elle,
Et défend à l'art d'y toucher.

Sa figure douce et naïve
Est semblable à la fleur des champs,
Qui, sans soins, sans qu'on la cultive,
Naît de l'haleine du printemps.

Mais pour plaire encor davantage,
Il faudrait qu'elle eût un amant :
L'amour est le fard de son âge,
Et l'on s'embellit en aimant.

L'amour est le zéphir des belles ;
Les belles sont autant de fleurs :
Il les caresse avec ses ailes,
Pour faire naître leurs couleurs.

GENNEVOTE.

La morale est assez gentille !
Elle tend à former le cœur !
Et si j'y consentais, vous me feriez l'honneur
D'être le zéphir de ma fille ?

DOLIVAL.

Pouvez-vous, sans verser des pleurs,
Voir les travaux flétrir ses attraits enchanteurs
Pour soulager un peu votre indigence ;
Et, bravant du soleil les brûlantes ardeurs,
Tirer avec effort sa faible subsistance
Des épis que les moissonneurs
Laissent tomber par négligence ?

COMÉDIE.

GENNEVOTE.

Pour d'autres ce n'est rien; pour nous c'est abondance.

DOLIVAL.

Sans s'exposer aux soupçons, aux mépris,
Rosine, j'en suis sûr, trouverait dans Paris
   Les ressources les plus honnêtes.

GENNEVOTE, *ironiquement.*

Les connaissez-vous bien ?

DOLIVAL.

                Sitôt qu'on la verrait,
Ses charmes tourneraient les têtes.

GENNEVOTE.

Peut-être en même temps la sienne tournerait.

DOLIVAL.

Eh! non, ma bonne, non : Paris est une ville
   Où la vertu trouve plus d'un asile ;
     Soyez sûre que j'ai raison.
Rosine avec honneur vivrait dans la maison
     De quelque dame respectable.

GENNEVOTE.

Vous voulez dire secourable.

DOLIVAL.

Elle ne manquerait de rien.

GENNEVOTE.

Elle regretterait alors sa pauvre mère.
    Mon bonheur lui tient lieu de bien :
Ce fut dans tous les temps son premier nécessaire.

DOLIVAL.

    Elle se ferait une loi
    De vous tirer de l'indigence.

GENNEVOTE.

Je ne la verrais pas, Monsieur ; et sa présence
    Est le plus grand secours pour moi.

DOLIVAL.

Elle serait heureuse et respectable ;
    On lui trouverait un parti.

GENNEVOTE.

Ce n'est pas le mot véritable.

DOLIVAL.

Et quel est-il donc ?

GENNEVOTE.

              Le voici.
On lui proposerait de lui faire un parti.
Dans un état obscur, Rosine a l'ame haute ;
Et je lui dis souvent, comme une vérité,
    Qu'on supporte la pauvreté
    Bien plus aisément qu'une faute.
J'aime bien mieux la voir regagner la maison,
    Chantant gaîment une chanson,

Et portant lestement sur sa tête une gerbe,
Que de la voir parée, à sa confusion,
D'un assortiment cher et d'un habit superbe.
Son éclat troublerait notre douce union.
Un argent mal acquis est toujours un mécompte.
Rosine est assez riche avec un bon renom.
J'aime mieux pour secours ses peines que sa honte.

(*Elle rentre dans la cabane.*)

SCÈNE IV.

DOLIVAL, *interdit.*

Peut-on penser si bien dans un état si bas !
Parbleu ! ces femmes-là m'étonnent....
D'honneur, je ne les conçois pas....
Voyons.... sans qu'elles me soupçonnent....
On ne peut les séduire ; il faut donc les gagner.
Oui, je ne veux rien épargner.

SCÈNE V.

DOLIVAL, RUSTAUT.

DOLIVAL, *appelant Rustaut qui traverse le théâtre.*

Rustaut? Rustaut? écoute, arrête.

RUSTAUT.

Non, bientôt pour nos gens c'est l'heure du dîner;
Et je vais voir si l'on s'apprête....

DOLIVAL.

Je ne veux qu'un moment, tu peux me le donner :
Voilà quatre louis pour arrêter ta course.

RUSTAUT.

Pour qui?

DOLIVAL.

Pour toi. Prends encor cette bourse.

RUSTAUT.

Pour qui?

DOLIVAL.

Pour Gennevote et Rosine.

RUSTAUT.

Ah! tant mieux.

DOLIVAL.

On dit que leur état est vraiment malheureux,
Qu'elles ont besoin de ressource.

RUSTAUT.

Ah! que j'ai de plaisir à vous voir vertueux,
Et prompt à soulager les gens dans la détresse!
Vous tenez de votre oncle.

DOLIVAL.

Oui, beaucoup.

RUSTAUT.

Mais pourquoi
Me donner de l'argent à moi?
Je n'en ai pas besoin.

DOLIVAL.

C'est pour qu'avec adresse....

RUSTAUT.

Plaît-il?

DOLIVAL.

Tu dises en douceur....
Qu'à leur destin on s'intéresse.

RUSTAUT.

Vous plairez bien à l'oncle, en agissant ainsi!

DOLIVAL.

Madame Gennevote est un peu trop sévère.

RUSTAUT.

Elle a bien du mérite, et monsieur la révère.

DOLIVAL.

Et Rosine?

RUSTAUT.

Monsieur l'estime fort aussi.
Il la distingue, il la préfère
A toutes les filles d'ici.

D'OLIVAL.

J'entends, j'entends.... Il la préfère.

RUSTAUT.

Lorsque je dis qu'il la trouve à son gré,
Je n'entends point y mettre de mystère.

DOLIVAL, *à part.*

Ah! mon pauvre oncle!.... A son âge on préfère;
Mais au mien on est préféré.

RUSTAUT.

Mais, Monsieur....

DOLIVAL.

C'est assez. Observateur fidèle
Et de leurs actions et de tous leurs discours,
Il faut m'en rendre compte; et cela tous les jours.
Mes libéralités égaleront ton zèle.
N'en dis rien à mon oncle.

RUSTAUT.

Oh! non,

SCÈNE VI.

RUSTAUT, seul.

Je me défie un peu de son intention.
J'appartiens à son oncle, et le devoir m'engage
　A l'informer de ma commission.
Je ne veux point jouer un vilain personnage,
　Quoique cela soit fort commun.
　On n'est libéral, à son âge,
　Que pour faire pièce à quelqu'un.

ARIETTE.

Argent, argent, maître du monde,
Tu règnes sur tous les états;
Tous les jours, en faisant ta ronde,
Tu fais faire bien des faux pas.
A nos devoirs tu mets un terme;
La vertu loin de tes attraits,
Qui sur ses jambes se croit ferme,
S'y tient bien mal quand tu parais.
Argent, argent, etc.

SCÈNE VII.

CANDOR, RUSTAUT.

CANDOR.

Eh bien! as-tu quelque chose à m'apprendre?

RUSTAUT.

Oui, vraiment : votre cher neveu
Vous ressemble; il a le cœur tendre :
Dès qu'on nomme Rosine, on le voit tout en feu.
Et ce qui va plus vous surprendre,
C'est que de son argent il fait un bon emploi.

CANDOR.

Comment?

RUSTAUT.

Il m'a donné quatre louis pour moi,
Et cette bourse pour Rosine.

CANDOR.

Ah!

RUSTAUT.

Vous voyez que c'est montrer
Son intention clandestine.

CANDOR, *d'un air imposant.*

Il ne t'appartient pas d'oser la pénétrer.

(*A part.*)

Mon neveu l'aimerait?... Oui, la saison dernière,
J'ai remarqué....

RUSTAUT.

Vous voyez clairement....

CANDOR.

(*A part.*)   (*Haut.*)
Nous saurons.... Obéis très-ponctuellement;
Mais le malheur rend l'ame fière,
Rosine est dans ce cas. Garde-toi de ternir
Le bien qu'on t'a chargé de faire.
Il faut exécuter ces ordres de manière
Qu'elle ne sache pas d'où cela peut venir.

RUSTAUT.

J'entends.

CANDOR.

T'a-t-on parlé de Gennevote?

RUSTAUT.

Oui, oui; la cousine Gérard,
La commère Nicole, et puis Jeanne Marotte,
Avec la femme à Mathurin Trinquart:
Je les vois là-bas qui moissonnent.

CANDOR.

Je voudrais les interroger.

RUSTAUT.

Elles cherchent toujours ceux qui les questionnent.

LES MOISSONNEURS,

CANDOR.

Nos gens doivent avoir grand besoin de manger;
Va les chercher.

RUSTAUT.

Je vais répondre à votre attente,
Car je me sens pressé d'une faim dévorante.

SCÈNE VIII.

CANDOR, TROIS COMMÈRES.

CANDOR.

Bonnes femmes, venez à moi;
J'ai des questions à vous faire.

LA TRINQUART.

Ah! tant mieux, Monseigneur, j'naimons pas à nous taire.

NICOLE.

Quand je parlons, j'savons toujours pourquoi.

MAROTE.

Le pourquoi n'est pas nécessaire.

LA TRINQUART.

Mais apparemment, ma commère,
Je parlons pour notre plaisir?...

CANDOR.

Sur un fait il faut m'éclaircir.

LA TRINQUART.

Bon Dieu! Oui, Monseigneur; j'ons l'âge.
J'ons vu trent'-neuf moissons; j'avons eu tout le temps
    D'examiner tout le village.
Je savons les tenans et les aboutissans.

NICOLE.

Oui, je vous dirons bien qu'la fille à Mathurine
    S'laisse engeoler par le fils à Piar'-Jean.

MAROTE.

Bon chien chasse de race : et n'savais-vous pas bian
Que de peur d'en manquer, la petite Claudine
A trois amoureux.

LA TRINQUART.
    Oui?....

NICOLE.
        Comment donc, ma cousine,
Vous l'ignoriais? Mais d'où venais-vous donc ?

MAROTE.

 Et la femme à Jacques Cardon
Trouve notre meûnier homme de bonne mine.

LA TRINQUART.

Et la meûnière en donne à moudre à son mari;
J'allons vous raconter ses tours.

MAROTE.
        J'en ons ben ri.

LES MOISSONNEURS,

NICOLE.

Pour tromper, celle-là rafine.

CANDOR.

Mais à la fin on se taira.
Et peut-être qu'on m'apprendra....

MAROTE.

Quoi, Monseigneur?

CANDOR.

Ce qu'est Gennevote, et Rosine.

LA TRINQUART.

Oui, oui ; j'allons vous dire ça.

MAROTE.

Gennevote est brave femme.

NICOLE.

Point de malice dans l'ame.

LA TRINQUART.

Mais on sait ce qu'on en contait.

CANDOR.

Voyons.

MAROTE.

Monseigneur, elle était
Au temps jadis une dame.

NICOLE.

Oui, vraiment, une madame.

LA TRINQUART.

Bonne femme.

COMÉDIE.

NICOLE.

Brave femme.

LA TRINQUART.

Quand j'allions à l'école ensemble....

CANDOR.

Allons au fait.

Parlez, parlez, dame Marote.

MAROTE.

Eh bien, la pauvre Gennevote
Mangea son pain blanc le premier ;
Alle portait un grand panier,
Rubans, robe de soie et mantelet.

ENSEMBLE.

NICOLE.   LA TRINQUART.

Qu'importe ?   Qu'importe ?

MAROTE.

Mais aujourd'hui, pour son malheur,
C'est un habit de laine qu'elle porte.

LA TRINQUART.

V'là c'que c'est d'avoir un bon cœur.

CANDOR.

Connaissez-vous sa famille ?

NICOLE.

Oui, Monseigneur, elle est fille.

MAROTE.

Elle est femme.

LA TRINQUART.

Veuve.

LES MOISSONNEURS,

NICOLE.

Non.

Vous n'savais pas la raison.

MAROTE.

La raison?... Mieux que vous, peut-être.
Un biau monsieur de Mélincour.
(*Candor paraît frappé du nom de Mélincour.*)
Un jour,
Avec li, la fit disparaître.
Vous voyais qu'alle est femme.

ENSEMBLE.
{
NICOLE.
Vous voyais qu'alle est fille.
LA TRINQUART.
Vous voyez qu'alle est veuve.
}

MAROTE.

Eh! non, non, non.

LA TRINQUART ET NICOLE.

Si, si.

MAROTE.

Partant, Monseigneur, on devine
Que son compagnon si joli....

NICOLE.

Li fit un présent de Rosine.

LA TRINQUART.

Pour qu'all' se souvienne de li.

CANDOR.

Ah! me voilà bien éclairci!
C'en est assez : au lieu de me tirer de peine....
Ah! voici nos seyeux que Rustaut me ramène....

SCÈNE IX.

RUSTAUT, LES MOISSONNEURS,
CANDOR, LES COMMÈRES.

CANDOR.

Allons, mes chers enfans, venez m'environner;
C'est votre ami qui vous rassemble;
L'heure vous appelle au dîner :
Nous allons tous manger ensemble.
Pour travailler de meilleur cœur,
Reprenez des forces nouvelles :

(*A Rustaut.*)

Mets la nappe sur ces javelles.
Voilà la table du bonheur.
Je ne vois point Rosine.

MAROTE.

Elle n'est que glaneuse,
Pourquoi mangerait-elle ?

LA TRINQUART.

Alle ne gagne rien.

CANDOR.

Elle en est plus à plaindre.

NICOLE.

Alle n'a pas de bien;
Alle n'en fait pas moins la glorieuse.

SCÈNE X.

DOLIVAL, GENNEVOTE, ROSINE, CANDOR, RUSTAUT, LES MOISSONNEURS ET LES COMMÈRES.

DOLIVAL, *tirant Rosine par le bras, à la porte de la chaumière.*

Rosine ne veut pas venir,
Mon oncle.

ROSINE.

Eh bien! voulez-vous donc finir?

CANDOR.

Venez, venez, Rosine.

ROSINE.

Oh! je suis trop honteuse.

CANDOR.

Gennevote, venez aussi.

GENNEVOTE.

Monseigneur, excusez : nous sommes bien ici.

CANDOR.

Je vous l'ordonne; allons.

GENNEVOTE.

C'est par obéissance.

COMÉDIE.

CANDOR.

A mes côtés, placez-vous toutes deux.

ROSINE.

Ah! Monseigneur....

DOLIVAL.

Ayez plus d'assurance.

NICOLE.

J'allons faire un dîner joyeux.

Les Moissonneurs s'asseyent sur des gerbes.

CANDOR, *à Dolival qui veut s'asseoir à côté de Rosine ; il lui indique une place plus éloignée.*

Passe-là.

MAROTE *fait remarquer à une des Commères, que Candor a fait asseoir Rosine auprès de lui.*

Que dis-tu de cette préférence ?

CHŒUR *des Moissonneurs et des Moissonneuses.*

Ah! queu régal!
Notre bon maître
Veut bien paraître
Notre égal.

(*Pendant ce chœur, on sert à chacun un potager rempli de soupe, avec un morceau de salé, du pain et du fromage.*)

PIERRE.

Oh! fatigué, v'là de bian bonne soupe.

Le père TRINQUART.

Cela refait son homme.

LES MOISSONNEURS,

JEROSME.

Un grand docteur,
Qui sait bien ce qu'il faut pour réjouir le cœur,
Dit qu'après le potage, on doit, à pleine coupe,
Sabler un bon coup de vin pur.

GUILLOT.

Voir'ment, pour l'estomac, c'est un remède sûr.

COLAS.

Ça chasse itou l'himeur mélancolique.

CANDOR.

Il est aisé de le mettre en pratique :
Rustaut, sers chacun à son gré.

Le Père TRINQUART.

Aveins notre tasse, ma femme.

NICOLE.

Tiens, la v'là.

JEROSME.

V'là la mienne itou.

RUSTAUT.

C'est un pot.....

JEROSME.

Dame!
C'est là ma tasse, à moi, quand je suis altéré.

CANDOR.

Allons, Rosine ; allons, ma bonne femme,

COMÉDIE.

GENNEVOTE.

Nous ne buvons pas, Monseigneur.

CANDOR.

A ma santé ?

GENNEVOTE.

C'est de toute notre ame.

ROSINE.

Vous nous faites bien de l'honneur.

CANDOR.

AIR.

C'est en buvant qu'on se délasse.
Buvez à moi, je bois à vous.
Que nos cœurs, comme chaque tasse,
Sans cesse se rapprochent tous.

CHŒUR *de Moissonneurs et Moisonneuses.*

C'est en buvant qu'on se délasse.
Buvons, buvons, rien n'est si doux.
Que nos cœurs, comme chaque tasse,
Sans cesse se rapprochent tous.

LA TRINQUART.

Regarde, Monseigneur verse à boire à Rosine.

MAROTE.

Elle est bienheureuse.

NICOLE.

Bon ! bon !
On a peut-être une raison.

LA TRINQUART.

Je n'en répondons pas.

LES MOISSONNEURS,

MAROTE.

Tais-toi donc, ma cousine.

NICOLE.

Queu babillarde !

COLAS.

Mais paix donc !
Lorsque je bois, je n'aime pas qu'on cause.

Le Père TRINQUART.

La soif est une belle chose.

DOLIVAL.

Allons, Rosine, une chanson.

ROSINE.

Je n'en sais point.

LA TRINQUART.

Dis-en toi, ma commère.

MAROTE.

Eh ! mais, tredame ! pourquoi non ?
A Monseigneur si ça peut plaire.

NICOLE.

Monseigneur chantera le r'flin.

CANDOR.

Oui, oui, oui.

LA TRINQUART.

Mettons-nous en train.

COMÉDIE.

MAROTE.

O le bon temps que la moisson !
On est ensemble sans façon.
Auprès de nos jeunes fillettes,
On voit toujours queuques garçons,
Qui guettont sous les collerettes,
Et pis qui contont leurs raisons.
O le bon temps que la moisson !
On est ensemble sans façon.

Le soir, on s'en va dans la grange :
Les gerbes y sont à foison ;
Tandis que chacun les arrange,
Pierrot s'arrange avec Lison.
   O le bon temps que la moisson ! etc.

Jérôme apporte une galette
Avec un morciau de jambon.
Mais où fera-t-il la dinette ?
C'est sur les genoux de Suzon.
   O le bon temps, etc.

Fillette novice soupire,
Elle n'en sait pas la raison ;
Mais l'Amour qui chèrche à l'instruire,
Lui fait trouver un bon garçon.
   O le bon temps, etc.

A sa bonne femme Gertrude,
Charlot, déjà presque barbon,
L'aimant toujours par habitude,
Fait présent d'un petit poupon.
   O le bon temps, etc.

DOLIVAL.

L'amour fait souvent qu'on oublie
Naissance, fortune et raison.
Avec une fille jolie,
Un roi peut être à l'unisson.
   O le bon temps, etc.

RUSTAUT.

Allons, l'heure annonce le terme
Où doit cesser votre repos.
Signalez-vous par des efforts nouveaux
De crainte que le blé sur la terre ne germe,
Mettez les gerbes en monceaux :
Dans les granges qu'on les enferme ;
Et que les meules de la ferme
Aux regards des passans attestent vos travaux.

CANDOR.

AIR.

Honneur, honneur
Au moissonneur,
De l'indigence
Consolateur ;
De l'abondance
Il est l'auteur.
Pour l'opulence,
Pour la grandeur,
Point de bonheur
Sans laboureur.
Honneur, honneur
Au moissonneur.

(*Tous en s'en allant.*)

Honneur, honneur
Au moissonneur.

(*Les moissonneurs retournent à leur ouvrage. Dolival fait semblant de suivre Candor ; il revient sur les pas de Rosine et de Gennevote : il veut les aborder lorsqu'elles sont prêtes à rentrer dans leur chaumière. Gennevote fait rentrer Rosine, fait une grande révérence à Dolival, et ferme brusquement sa porte.*)

SCÈNE XI.

DOLIVAL, seul.

« Ses mépris irritent ma flamme*;
« De mon projet je veux venir à bout;
« Et je me détermine à tout
« Pour enlever Rosine à cette étrange femme. »

* Ces quatre vers marqués de guillemets se passent à la Représentation; mais il faut que l'acteur y supplée par un mouvement de dépit, qui en fasse sentir l'équivalent.

FIN DU SECOND ACTE.

ACTE III.

SCÈNE PREMIÈRE.

RUSTAUT, seul.

Cette bourse-là m'embarrasse.
Je n'aime point l'argent, quand il n'est pas à moi.
    Voyons ce qu'il faut que je fasse
    Pour m'acquitter de mon emploi.
    Sans hésiter, dans cette bourse
    Remettons ces quatre louis ;
Du malheur qu'on soulage augmentons la ressource :
Une bonne action doit se faire gratis.
Je les vois toutes deux sortir de leur chaumière :
    Il faudrait agir de manière....

SCÈNE II.

GENNEVOTE, ROSINE, RUSTAUT, DOLIVAL.

GENNEVOTE, *portant à son bras un grand panier rempli d'écheveaux de fil.*

Je vais porter ce fil au tisserand.

ROSINE.

Ma mère,
Laissez-moi le porter.

GENNEVOTE.

Il n'est pas nécessaire.

ROSINE.

Cette charge est d'un trop grand poids.

GENNEVOTE.

Ce n'est que ma tâche d'un mois.

ROSINE.

Ce panier est trop lourd.

GENNEVOTE.

Non, non.

ROSINE. *Elle ôte le panier du bras de Gennevote, et le pose sur le banc.*

Laissez-moi faire.

LES MOISSONNEURS,

GENNEVOTE, *avec un peu d'humeur.*

Non.

ROSINE.

Non ! Si vous avez pour moi de l'amitié,
Vous n'en prendrez, au plus, que la moitié :
Ou ce soir, ou demain, je porterai le reste.
(*Elle ôte du panier, malgré Gennevote, une partie
des écheveaux de fil, les pose sur le banc, et dit
en la regardant avec amitié.*)
Oui, là ! là ! .... fâchez-vous. Par quel destin funeste,
Rendez-vous votre état le plus dur des états ?
Vous abrégez vos jours. Vous ne m'aimez donc pas ?

GENNEVOTE, *encore avec un peu d'humeur.*

Eh ! la jeunesse a bien de l'avantage....
Mais elle est exposée à des dangers....

ROSINE.

Comment ?

RUSTAUT, *derrière, guettant l'occasion de placer la bourse
sans être aperçu.*

Si je pouvais tout doucement....

GENNEVOTE, *se radoucissant.*

Rosine, quand on a ton âge,
Ces dangers-là sont un amant.
Je t'aime trop pour que tu me chagrines,
L'honneur, ô ma très-chère enfant !
Est un collier de perles fines,

Qu'il faut conserver en entier :
Un seul grain détaché, le reste se défile.
Retiens cette leçon utile :
Il ne faut jamais perdre un grain de son collier.

ROSINE.

Je suis sûre d'avoir toujours une ame honnête.

RUSTAUT.

Tandis qu'elles tournent la tête,
Mettons la bourse à côté du panier.

(*Il la pose sur le banc, et dit à Dolival, qu'il rencontre au fond du théâtre :*)

J'ai glissé votre argent....

DOLIVAL.

Écoute.

(*Il le tire à part, pour lui parler en particulier.*)

ROSINE.

Sur ma conduite auriez-vous quelque doute ?

GENNEVOTE.

Non, et je crois que ton cœur, libre encor,
Du moindre attachement n'a pas les apparences :
Mais parle vrai ; dis-moi ce que tu penses
Du neveu de monsieur Candor.

ROSINE.

Rien du tout, soyez-en certaine ;
Je n'ai pas seulement sur lui jeté les yeux.

GENNEVOTE.

Ma chère Rosine, tant mieux.

LES MOISSONNEURS,

ARIETTE.

Prends-y bien garde,
Crains un amant :
Qu'on le regarde
Un seul moment,
On se hasarde.
Prends-y bien garde,
Crains un amant.
Quand on l'écoute,
Cher il en coûte :
L'amour surprend ;
Eh oui, sans doute,
Le cœur se rend.

Prends-y bien garde, etc.

On te dira :
Belle Rosine....
On s'écriera :
Elle est divine.
Pour mieux trahir,
L'amant est tendre ;
Loin de l'entendre,
Il faut le fuir.

Prends-y bien garde, etc.

(*Sur la fin de cette ariette, Dolival s'approche tout doucement pour écouter ce que disent Gennevote et Rosine.*)

ROSINE.

Ah ! n'appréhendez rien.... vous devez me connaître.

GENNEVOTE.

Oui, tandis que je vais ailleurs,
Va rejoindre nos moissonneurs.

ROSINE.

Oui, vous avez raison, et bientôt j'y vais être.

COMÉDIE.

GENNEVOTE.

Mais comme je serai long-temps dehors, peut-être,
Et que tu reviendras sûrement avant moi,
    Prends la clé.

ROSINE.

Oui, ma mère.

(*Pendant que Gennevote cherche la clé dans sa poche, Dolival a le temps de faire son à parte.*)

DOLIVAL.

Quoi !
Rosine reviendra chez elle avant sa mère !
Prévenons-la ; ne faisons point de bruit,
    Et glissons-nous dans la chaumière,
Dussé-je, pour l'attendre, être jusqu'à la nuit.

(*Il entre furtivement dans la cabane.*)

GENNEVOTE.

Mets ordre à tout, et fais en sorte
Qu'on n'entre point dans la maison.

ROSINE.

Oui, c'est bien mon intention :
Commençons par fermer la porte :

(*Pendant que Rosine ferme la porte à double tour, sans soupçonner que Dolival est entré dans la maison, Gennevote, qui va reprendre son panier, aperçoit la bourse sur le banc.*)

LES MOISSONNEURS,

GENNEVOTE.

Ah! ma fille, qu'est-ce que c'est....
Que je trouve là ?

ROSINE.

Quoi ?

GENNEVOTE.

Viens voir ; c'est une bourse.

ROSINE.

Ciel ! elle est pleine d'or.

GENNEVOTE.

C'est ce qui me paraît.
Cet or-là dans nos mains ne vient pas à sa source.

ROSINE.

On s'est assis sur notre banc.
C'est quelqu'un qui l'aura laissée.

GENNEVOTE.

Comme toi, j'en ai la pensée.

ROSINE.

Quel bonheur !

GENNEVOTE.

Oui ; rendons-la.

ROSINE.

Sur-le-champ.

GENNEVOTE.

Oui, sans doute.

COMÉDIE.

ROSINE.

Il faut qu'on l'affiche
Aux portes du château : cela, sans hésiter.
Cette bourse appartient à quelqu'homme bien riche.

GENNEVOTE.

Et qui, par conséquent, doit bien la regretter.
Le devoir le plus nécessaire
Est d'aller remettre cet or
Dans les mains de monsieur Candor :
C'est toi que j'en charge.

ROSINE.

Ah ! ma mère,
Je n'oserai pas.

GENNEVOTE.

Pourquoi donc?
Il est si doux, si bienfaisant, si bon....

ROSINE.

Je le sais, et je le révère.
Maman, j'irai, si vous voulez.
Mais lorsque je le vois, tous mes sens sont troublés :
Je n'ai pas la moindre assurance.

GENNEVOTE.

Va, va, ce trouble-là tient encore à l'enfance;
Mais Candor est ami de la simplicité ;
Et ton air de timidité
Lui plaira plus que trop de confiance.

SCÈNE III.

ROSINE, seule.

Non, je ne puis soutenir sa présence;
Mon embarras, mon trouble, ma rougeur....
Un sentiment plus fort que la reconnaissance
Répand le trouble dans mon cœur.

ARIETTE.

Candor est bienfaisant;
Mais sa douceur extrême
Le rend plus imposant.
Je sais que chacun l'aime:
Il est la bonté même;
Qui le voit est content.
Je le sais, et pourtant
Je ne suis plus la même;
Aussitôt qu'il m'entend,
Je tremble; et cependant,
Si tout le monde l'aime,
Je crois l'aimer autant.

SCÈNE VI.

LE VIEILLARD, GUILLOT, ROSINE.

LE VIEILLARD.

Je ne sais pas pourquoi monsieur Rustaut m'oblige
De quitter le travail, et me fait le paiement
 De ma journée. Un pareil traitement
  Et me mortifie et m'afflige.
J'ons soixante et dix ans, il est vrai, bien sonnés :
 Est-ce être vieux, quand on se porte
Comme un charme ? J'avons une santé plus forte
Que ces godelureaux minces et bien tournés.

ROSINE.

Vous, en ces lieux, que le hasard attire,
 N'avez-vous pas entendu dire
Qu'une bourse eût été perdue ici ?

LE VIEILLARD.

Qui ? nous ?

ROSINE.

Oui.

LE VIEILLARD.

Je n'en savons rien.

LES MOISSONNEURS,

ROSINE.

En voilà pourtant une
Que ma mère a trouvée.

LE VIEILLARD.

Eh bien, tant mieux pour vous.

ROSINE.

C'est un bonheur et non une fortune :
Remettez cette bourse à notre bon Seigneur.
Tout le village vous estime ;
On sait combien vous respectez l'honneur :
Ma confiance en vous est juste et légitime.

LE VIEILLARD.

Quoique pauvre, il est vrai, j'avons des sentimens :
L'honneur est chez les pauvres gens.
(*A Rosine.*)
Mais rendez ce dépôt vous-même.

ROSINE.

Je vous prie....
Faites-moi ce plaisir.

LE VIEILLARD.

Eh bien, ma chère amie,
Votre confiance aura lieu ;
Je rendrons votre bourse, et même toute pleine.

ROSINE.

Mon cher Guillot, je n'en suis pas en peine :
Voilà monsieur Candor. Adieu.

(*Elle sort.*)

SCÈNE V.

CANDOR, LE VIEILLARD.

CANDOR, *à part.*

Tous les propos de ces commères
Me donnent des soupçons sans m'assurer de rien;
Mais avec Gennevote un moment d'entretien
Me donnerait des notions plus claires.

LE VIEILLARD.

Mon bon Seigneur, j'avons commission
De vous dire qu'on viant de trouver une bourse.

CANDOR.

Qui?

LE VIEILLARD.

Rosine et sa mère.

CANDOR.

Et la réclame-t-on?

LE VIEILLARD.

Non, Monseigneur.

CANDOR.

Tant mieux; et c'est une ressource
Qu'elles feront bien de garder:
Personne ne viendra la leur redemander.

LE VIEILLARD.

Mais alle m'a chargé....

CANDOR.

Guillot, va la lui rendre.
Fais ce que je te dis.

LE VIEILLARD.

Vous me faites comprendre....
Mais....

CANDOR.

Va donc, finis tes propos.

LE VIEILLARD.

Oh! c'est lui, c'est lui-même; il n'en fait jamais d'autre.

CANDOR.

Laisse-moi, j'ai besoin d'un moment de repos.

LE VIEILLARD.

Mon bon Seigneur, vous procurais le nôtre ;
Il serait inhumain d'interrompre le vôtre.

(*A part, en s'en allant.*)

Un tel secours leur vient fort à propos.

SCÈNE VI.

CANDOR, seul.

ARIETTE.

Depuis que le jour nous éclaire,
Mon corps est dans l'activité ;
C'est un travail si salutaire,
Qui fait ma force et ma santé.
Le sommeil affermit la trame
Des jours qui nous sont préparés.
Quand on a la paix dans son ame,
Les sens sont bientôt réparés.

Sur ce gazon, près de cette fontaine,
Le sommeil va me rafraîchir :
Qui n'a jamais connu le travail et la peine,
N'a jamais goûté le plaisir.

(*Il s'endort sur le gazon.*)

SCÈNE VII.

CANDOR *endormi*; ROSINE, *avec un faisceau d'épis sur sa tête*; DOLIVAL.

ROSINE.

ARIETTE.

Ma démarche est légère,
Je rapporte chez nous
De quoi nourrir ma mère :
Et ce poids est bien doux.
Pour moi c'est une fête :
Ma peine est un bonheur ;
Le poids est sur ma tête,
Le plaisir dans mon cœur.

Que vois-je ? Ici monsieur Candor repose :
Respectons son sommeil. Hélas ! si j'étais cause....
Son repos précieux est pour nous un présent ;
C'est un bien qui nous intéresse.
Puisse un calme si doux, toujours le délassant,
Étendre sa carrière à l'extrême vieillesse.
Le pauvre n'a d'autre richesse
Que les jours prolongés de l'homme bienfaisant.

ARIETTE.

O toi que le hameau révère,
O toi, notre vrai défenseur,
Notre ami, notre tendre père!
Tu reposes avec douceur.

Ton sommeil facile,
Sous un ciel d'azur,
D'une ame tranquille
Peint le souffle pur.
Tes vœux préservent de l'orage
Nos vendanges et nos moissons;
On connaît l'asile du sage
A la paix dont nous jouissons.

Je vais prêter l'oreille....
Doucement il sommeille;
Je crains qu'il ne s'éveille:
Le jour a trop d'éclat.
Paix, plaçons cette branche.
Oui, oui, le jour a trop d'éclat.
Encore cette branche,
Et vers lui qu'elle penche.
Mais s'il se réveille.....
Paix, c'est à merveille:
Ah! comme mon cœur bat!

(*Elle place autour de Candor les branches qu'elle a coupées.*)

Voyons s'il peut en tirer avantage.
Le soleil est dans sa hauteur,
Et ses rayons, par-dessus ce feuillage,
Tombent à plomb sur son visage:
Je vais en modérer l'ardeur.

(*Elle détache son mouchoir de cou, et l'étend sur les yeux de Candor.*)

CANDOR, *en dormant.*

Rosine? Rosine?

ROSINE.

Il me nomme.

Ah! je l'ai réveillé.

(*Elle se sauve, et va se cacher contre la porte de la chaumière, en avançant la tête de temps en temps, pour voir si Candor n'est pas fâché qu'on ait interrompu son sommeil.*)

CANDOR *se lève sur son séant.*

Je ne sais pas quel bruit
M'est venu tirer de mon somme.

ROSINE.

Il est fâché.

CANDOR.

J'aurais moins dormi cette nuit;
On m'a rendu service.

ROSINE.

Ah! que j'en suis émue!

CANDOR.

Je rêvais, je sentais mon ame suspendue,
Entre les restes du sommeil,
Et l'instant qui touche au réveil;
Rosine s'offrait à ma vue.
Je distinguais les sons de sa voix ingénue.
Je n'éprouvai jamais un sentiment pareil.

Quel est ce voile ?.... J'examine....
Je ne me trompe pas.... Quel serait son dessein ?.
C'est celui dont se sert la modeste Rosine,
Pour dérober aux yeux la blancheur de son sein.
Mon songe n'est donc pas une illusion pure.
Cherchons, et découvrons quelle est cette aventure.

ROSINE.

Il approche, rentrons.

(*Rosine, ouvrant la porte, aperçoit Dolival, et fuit toute effrayée.*)

Ciel ! un homme chez nous !

DOLIVAL.

Rosine, pourquoi fuyez-vous ?

CANDOR.

Que vois-je ? ô funeste lumière !
Dolival imprudent caché dans la chaumière !....

(*Rosine revient tremblante.*)

ROSINE.

Ah ! Monsieur !.... Monseigneur !....

(*Elle court, toute épouvantée, à l'autre coin du théâtre. Candor la suit. Dolival, qui poursuit toujours Rosine, aperçoit Candor qui a le dos tourné, et rebrousse chemin.*)

SCÈNE VIII.

CANDOR, ROSINE.

CANDOR, *ramenant Rosine.*

Vous voilà hors d'haleine?

ROSINE.

Un Monsieur me poursuit.... J'ai peur.

CANDOR.

Il serait affligé de causer votre peine.
C'est mon neveu.

ROSINE.

C'est pour cela
Qu'il devrait de son oncle imiter la conduite.
Nous n'avons rien à nous dire ; voilà
Pour quel sujet j'ai pris la fuite.

CANDOR.

Je suis sûr que, sans votre aveu,
Il était dans votre cabane.

ROSINE.

Pourrait-on croire ?.... ô Ciel !

CANDOR.

Je le condamne.
(*A part.*) Le seul coupable est mon neveu.

COMÉDIE.

CANDOR.

Ce voile est-il à vous ? Parlez.

ROSINE.

Je vous conjure
De m'excuser, si j'ai troublé votre sommeil.
Ah ! ce n'était, je vous le jure,
Que pour vous garantir des ardeurs du soleil.
Rendez-le moi.

CANDOR.

Le voilà ; mais, ma fille,
Quel intérêt (parlez de bonne-foi,
Comme si vous étiez de ma propre famille,)
Vous engageait à prendre autant de soin de moi ?

ROSINE.

Eh ! quelle ame assez dure, assez dénaturée,
Ne prendrait pas à vous le plus tendre intérêt ?
Vous êtes révéré de toute la contrée ;
Dès que nous vous voyons, notre bonheur paraît.
Tous vos discours ne tendent qu'à nous plaire ;
Nos cœurs n'en perdent jamais rien :
Vous ne parlez que pour dire du bien ;
Vous n'agissez que pour en faire.
Quand vous êtes heureux, nous sommes tous contens.
Vos yeux nous servent de présage ;
Nous consultons votre visage,
Comme on regarde au ciel pour prévoir le beau temps.

LES MOISSONNEURS,

CANDOR.

Je suis touché de voir qu'on m'aime.

ROSINE.

On vous aime comme soi-même.

CANDOR.

Je jouis de ce sentiment.

(*Il lui prend la main.*)

Ah! Rosine. (*A part.*) Qu'allais-je faire?

ROSINE.

Ah! Monseigneur!...

CANDOR.

En ce moment,
Rosine, je suis un bon père
Qui prend la main de son enfant.

ROSINE.

C'est à moi de baiser la vôtre.

CANDOR.

Arrêtez; mais soyez plus sincère qu'une autre,
Confiez-moi qui vous êtes.

ROSINE.

Je suis....
La fille à Gennevote.

CANDOR.

Et qu'est-elle elle-même?
Je veux la servir; je le puis.

COMÉDIE.

ROSINE, *vivement*.

Ce serait un service extrême
Que vous me rendriez.

CANDOR.

Mais que fait-elle, enfin?

ROSINE.

Ce qu'elle fait.... Elle vous aime.

CANDOR.

Pourquoi donc me fuit-elle, et quel est son dessein?
Depuis un an je suis Seigneur de ce village :
Elle n'est point venue avec les habitans,
Quand ils m'ont rendu leur hommage.
Je ne la vois jamais : qui la rend si sauvage?

ROSINE.

Elle respecte votre temps.
De vous à nous, la distance est si grande!...
On a peur de vous détourner.
S'il fallait obtenir de vous quelque demande,
On craindrait moins de vous importuner.

DUO.

CANDOR.	ROSINE.
A vous je m'intéresse,	Ah! nous vous aimons tous,
Ce sentiment est doux;	A vous on s'intéresse;
Sa vertu, sa jeunesse....	Le respect, la tendresse,
Je prendrai soin de vous.	Tous nos cœurs sont à vous.

LES MOISSONNEURS,

Je serai votre guide.	Son regard m'intimide.
Eh bien, Rosine? eh bien?	Eh bien!
(Il lui prend la main avec affection.)	*(Elle le regarde avec intérêt et modestie.)*
Soyez donc moins timide,	Soyez notre soutien,
Je suis votre soutien.	Notre espoir, notre guide.
A vous je m'intéresse, etc.	Ah! nous vous aimons tous, etc.

ROSINE.

Voilà ma mère ; elle marche avec peine :
Permettez, pour que je l'amène,
Que j'aille lui donner le bras.

CANDOR.

Non, non, je vais moi-même au-devant de ses pas.

SCÈNE IX.

GENNEVOTE, CANDOR, ROSINE.

CANDOR.

Ma pauvre Gennevote, allons, ma bonne mère,
Vous paraissez bien lasse ; il faudrait vous asseoir.

ROSINE.

Elle se tue aussi du matin jusqu'au soir :
Que ne me laisse-t-elle faire ?

GENNEVOTE.

C'est vous, notre bon maître. Ah ! mon cœur est content.
Permettez donc que je vous remercie
De toutes vos bontés pour cette chère enfant.

CANDOR.

Je veux, pour travailler au bonheur de sa vie,
Vous parler en particulier.

GENNEVOTE.

Tiens, Rosine, prends ce panier.

ROSINE, *à sa mère.*

J'y vais mettre ce fil, et le porter moi-même.

CANDOR.

Allons : placez-vous là, ma bonne ; je vous aime.

SCÈNE X.

CANDOR, GENNEVOTE, DOLIVAL.

(*Pendant que Candor fait asseoir Gennevote, et se met à côté d'elle :*)

DOLIVAL, *au fond du théâtre, à un de ses gens.*

Fort bien : Rosine a pris ce chemin détourné ;
Cours, fais exécuter l'ordre que j'ai donné.
Mais la prudence est ici nécessaire ;
Ne précipitez rien, et guettez le moment....
(*Il se retire.*)

SCÈNE XI.

CANDOR, GENNEVOTE.

CANDOR, à Gennevote.

Parlez-moi sans déguisement,
Je sais tout.

GENNEVOTE.

Quoi ?

CANDOR.

Soyez sincère.
Mélincour....

GENNEVOTE.

Était mon époux...
Rosine était sa fille.... Elle a perdu sa mère.

CANDOR.

Elle l'a retrouvée en vous.

GENNEVOTE.

J'ai rempli ce devoir bien doux, mais nécessaire ;
Ses parens durs et fiers ont voulu l'abaisser.
Ils ont eu honte d'une fille
De qui la pauvreté semblait les offenser ;
Elle a cessé d'être de leur famille.

CANDOR.

Comment! Loin de s'intéresser....

GENNEVOTE.

Ah! quelle différence! Un cœur tendre et sensible....
Un cœur comme le vôtre....

CANDOR.

O ciel! est-il possible?
Le riche pour parent méconnaît l'indigent;
Et quand son fol orgueil achète à prix d'argent
Des titres faux et des parens postiches,
Ceux qu'il a délaissés en murmurent tous bas.

GENNEVOTE.

Eh! ce sont eux qui, dans ce cas,
Doivent rougir d'avoir des parens riches.

CANDOR.

Rosine leur eût fait honneur,
Au lieu de leur être importune.

GENNEVOTE.

Rosine m'a suivie au sein de l'infortune,
Dans mes chagrins cuisans elle a fait mon bonheur.

CANDOR.

Mais Mélincour était le neveu de mon père....

GENNEVOTE.

Je le sais bien, Monsieur.

LES MOISSONNEURS,

CANDOR.

A quelle intention
M'avez-vous donc fait un mystère
De votre situation ?

GENNEVOTE, *timidement.*

Monsieur, j'ai cru le devoir faire.
J'ai su qu'un long procès vous avait désunis.
Ces débats d'intérêts, quand même ils sont finis,
Conservent encore une chaîne,
Et nourrissent long-temps les germes de la haine.

CANDOR, *se levant.*

Voilà le triste fruit des procès de parens.

GENNEVOTE.

Des cœurs nobles et hauts qui sont dans la misère,
Imaginent toujours d'autres expédiens,
Que d'aller mendier le bien qu'on peut leur faire.
Ah ! des secours forcés sont bien humilians !

CANDOR.

Vous avez mal connu mon caractère.
Je veux, en la dotant, lui donner un époux.

GENNEVOTE.

Monsieur, nous vous pourrions attirer des reproches,
En recevant tant de bienfaits de vous.
Vous avez des parens moins éloignés que nous.

CANDOR.

Les plus infortunés sont toujours les plus proches.

COMÉDIE.

GENNEVOTE.

Mon cœur est pénétré de tous vos sentimens.
Cette chère Rosine; eh bien! je vous la rends.
La séparation me paraîtra cruelle;
　　Mais volontiers, je me sacrifierai:
Vous la rendrez heureuse; alors je le serai.

CANDOR.

Non, non; vous vivrez avec elle.
Je conçois un projet, et je l'établirai.
Mon neveu.... Je le vois, éloignez-vous, de grâce;
Je veux sonder son cœur, savoir ce qui s'y passe,
Amenez-moi Rosine; alors je vous dirai....

(*Il reconduit Gennevote en lui parlant bas.*)

SCÈNE XII.

DOLIVAL, *seul.*

L'ENTREPRISE est hardie; il faut payer d'audace,
Tandis qu'on va saisir l'occasion,
Je reste ici pour ôter tout soupçon.

SCÈNE XIII.

CANDOR, DOLIVAL.

CANDOR.

Comment! tu n'es pas à la chasse?

DOLIVAL.

Bon! Vous n'avez qu'un chien, que voulez-vous qu'on fasse?

CANDOR.

Causer avec Rosine est un plaisir plus grand.

DOLIVAL.

Rosine!

CANDOR.

Tu fais l'ignorant;
Je t'ai vu sortir de chez elle.

DOLIVAL.

Il est vrai que tantôt, par la chaleur cruelle,
Consumé, lassé, désœuvré,
J'ai vu cette cabane ouverte,
Je l'ai trouvé totalement déserte;
Sans conséquence alors j'y suis entré.
Voilà tout.

CANDOR.

Voilà tout; et pour qui pouvait être
Une bourse remise à Rustaut?

COMÉDIE.

DOLIVAL, *à part.*

Ah! le traître!

(*à Candor.*)

Mon cher oncle, tenez, voici la vérité :
Rosine et Gennevote.... oui.... je vous le confesse,
J'ai su qu'elles étaient dans la nécessité :
Je suis le chevalier des femmes qu'on délaisse.
Sans me nommer, sans me commettre en rien,
J'ai voulu leur faire du bien,
Comme vous faites, vous, sans que cela paraisse.

CANDOR.

Le motif serait beau ; mais ce n'est pas cela.
Rosine te fuyait, et tu l'as poursuivie....
Allons, tu l'aimes ?

DOLIVAL.

Mais, oui-dà.
Je suis jeune, elle est fort jolie.
A la campagne, il faut bien s'amuser ;
C'est un moment de fantaisie,
Que mon âge fait excuser.
Bon! Je n'y pense plus. Elle fait la sévère ;
Sans relâche obsédée ; et par qui ? par sa mère.

CANDOR.

Toutes les deux pourront s'humaniser ;
Loin de blâmer ton feu, je veux l'autoriser.
Et j'emploîrai pour toi mon éloquence.

LES MOISSONNEURS,

DOLIVAL.

Vous auriez cette complaisance ?
Vous pourriez me servir ?....

CANDOR.

Je m'y crois obligé.
Si tu peux être corrigé,
Mon ami, ce sera par un penchant honnête.
Il formera ton cœur, il mûrira ta tête.
Je le sais. J'en ai fait l'expérience, moi.
A peu de chose près, j'étais, dans ma jeunesse,
Aussi ridicule que toi.
Un amour délicat me tint lieu de sagesse,
Me fit de mes erreurs reconnaître le faux,
Et j'eus honte de mes défauts,
En n'en trouvant aucun dans ma maîtresse.

DOLIVAL.

Vous eûtes-là, mon oncle, un joli précepteur.

CANDOR.

On devient honnête homme en épurant son cœur.

ARIETTE.

On se rend estimable,
Lorsque l'on aime bien ;
Et pour paraître aimable,
On ne néglige rien.
Du choix qu'on a su faire,
Dépend le caractère.
On cherche à se régler
Sur ce modèle même.
Pour plaire à ce qu'on aime,
On veut lui ressembler.

COMÉDIE.

DOLIVAL.

Voilà comme je pense.

CANDOR.

Il faut donc y souscrire.
Rosine te convient, tu seras son époux.

DOLIVAL.

Moi, mon cher oncle!.... y songez-vous?

CANDOR.

Je la dote...Pourquoi sourire?

DOLIVAL.

Comment?....

CANDOR.

Rosine est sage, on doit la respecter.

DOLIVAL.

Mais dans le monde, il faut représenter....

CANDOR.

Quelquefois la noblesse habite une cabane.

DOLIVAL.

Rosine?....

CANDOR.

N'est point paysane,
Elle est fille de Melincour.

DOLIVAL.

Que m'apprenez-vous? Je respire,
Je puis enfin avoüer mon amour....
Oui, l'unique bien où j'aspire...

LES MOISSONNEURS,

CANDOR.

Tu seras son époux, te dis-je.

DOLIVAL.

Dès ce jour.
(*A part.*) Mais j'ai fait une étourderie.
Je n'ai pas un instant à perdre.

CANDOR.

Où vas-tu donc ?

DOLIVAL.

Mon cher oncle, il y va du malheur de ma vie...
Laissez-moi prévenir....

CANDOR.

Mais il perd la raison.

SCÈNE XIV.

CANDOR, GENNEVOTE, DOLIVAL.

GENNEVOTE.

Au secours ; ah ! Monsieur ! Rosine m'est ravie.

CANDOR.

Rosine ! ô Ciel !

DOLIVAL.

Ne vous alarmez pas.

COMÉDIE.

GENNEVOTE.

Ce sont ses cris qui m'en ont avertie.
J'ai vers elle aussi-tôt précipité mes pas;
Dans l'instant, à mes yeux, on l'a fait disparaître.

DOLIVAL.

Je cours...

CANDOR.

Demeure ici. (*à part.*) Je soupçonne le traître.
Rustaut? Rustaut? accours avec nos Moissonneurs;
Rosine...

SCÈNE XV.

LE VIEILLARD, RUSTAUT, GENNEVOTE; CANDOR, DOLIVAL.

RUSTAUT.

Monseigneur, n'en soyez point en peine;
Nous l'avons délivrée, et l'on vous la ramène.

LE VIEILLARD, à Gennevote.

Bonne femme, séchez vos pleurs.

GENNEVOTE.

Vous me rendez ma fille, ah! je vous dois la vie!

LES MOISSONNEURS,

LE VIEILLARD.

Nous avons pris bien à propos
Tout au travers de la prairie.
J'ai saisi le premier la bride des chevaux :
Ils ont pensé me tuer, mais n'importe ;
Du moins, mon dernier jour était pour vous servir.
Tous nos gens m'ont prêté main-forte ;
Et voilà cet enfant qu'on voulait vous ravir.

SCÈNE XVI, et dernière.

LES ACTEURS PRÉCÉDENS; ROSINE,
ramenée par les Moissonneurs.

GENNEVOTE.

Que ne vous dois-je point, ô vieillard respectable !

ROSINE, à *Gennevote.*

Rosine, grâce à lui, se revoit dans vos bras.

CANDOR.

Je désire, et je crains de trouver le coupable.

RUSTAUT.

Vous n'iriez pas bien loin ; je ne me trompe pas.

COMÉDIE.
LE VIEILLARD.
Mon bon Seigneur, c'est, ne vous en déplaise,
Quelque ami de votre neveu ;
Car il avait prêté sa chaise.

CANDOR.
Monsieur, vous auriez pu ?....

DOLIVAL.
Je vous en fais l'aveu,
Rosine m'a tourné la tête.
L'absence, ni Paris n'ont point éteint mon feu ;
J'ai pour elle avancé mon retour en ce lieu ;
Ses refus m'ont piqué : plus elle était honnête,
Et plus à la séduire enfin j'ai persisté.
Je tirais mon espoir de son obscurité ;
Et j'ai cru qu'une paysane,
Passant dans l'abondance et dans l'oisiveté,
Pourrait, peut-être un jour, oublier sa cabane,
Et me remercier de ma témérité.

CANDOR.
Quoi ! malheureux ! vous avez l'insolence
De choisir ma maison, pour oser, sans pudeur,
Enfreindre le respect qu'on doit à l'innocence,
Et nous montrer l'effervescence
D'une tête perdue et d'un homme sans cœur ?
Pour mon parent je vous renie.
J'abjure l'amitié qui m'avait trop surpris :
Ces nœuds, dont vous n'avez jamais connu le prix,

Votre cœur dégradé les rompt et me délie ;
Et le mien, qui toujours détesta l'infamie,
Ne voit qu'un étranger dans une ame avilie,
Qui me force à changer ma tendresse en mépris.

DOLIVAL.

Votre indignation, mon oncle, est légitime....
Je l'ai trop offensée.... et je perds votre estime....
En lui donnant la main, je puis tout réparer.

CANDOR.

Sans son aveu, je ne peux l'espérer.

DOLIVAL, à Rosine.

Ce que j'ai fait ne vient que d'un amour extrême :
Est-ce à Rosine à m'en punir ?

ROSINE, *en se jetant dans les bras de sa mère.*

Maman, souffririez-vous ?.... Ah ! j'aime mieux mourir !

GENNEVOTE, à *Dolival.*

Quiconque offense ce qu'il aime,
Est indigne de l'obtenir.

ROSINE, *avec un transport de joie.*

Ah !

CANDOR.

Ce noble refus peint votre caractère.

(*A Rosine, après un temps.*)

Je connais bien quelqu'un qui sent la même ardeur ;
Et son amour respectueux, sincère,
Ne serait occupé que de votre bonheur :

Mais la crainte de vous déplaire
L'oblige à renfermer le secret dans son cœur.

ROSINE.

Ne m'enviez point la douceur
De passer, en ces lieux, mes jours avec ma mère.

CANDOR.

Autant qu'à vous elle m'est chère.

(*A Rosine, après un temps.*)

Vous me refusez donc aussi ?
(*Rosine lève les yeux sur Candor avec tendresse, et les baisse aussitôt.*)

GENNEVOTE.

Quoi ! vous, Monsieur ?....

CANDOR.

Rosine, expliquez-vous ; que faut-il que j'espère ?

ROSINE.

Monseigneur....

GENNEVOTE, *à part.*

Serait-il bien vrai ?

DOLIVAL, *à part.*

Qu'entends-je ?

ROSINE.

Excusez-moi... je suis toute saisie...

CANDOR.

Je vois que vous allez demander du délai.

ROSINE.

Voilà l'unique fois, de toute votre vie,
Que vous avez mal vu.

GENNEVOTE.

Tu dis la vérité.

DOLIVAL, *confus*.

Je suis puni, je l'ai bien mérité.

LE VIEILLARD.

Rosine n'a pas voulu prendre
La bourse qu'en ses mains j'étais chargé de rendre.
Qu'en veut-on faire ?

DOLIVAL.

Elle est pour toi.
(*Le Vieillard fait un mouvement de surprise,
Dolival continue :*)
Je puis en disposer, puisqu'elle était à moi.

LE VIEILLARD.

Je vais en faire le partage
Avec tous nos bons moissonneurs.
De vous ôter Rosine ils ont eu le courage ;
Ça fait que Monseigneur la prend en mariage :
Des plaisirs d'aujourd'hui vous faites les honneurs.

RUSTAUT.

Fort bien, fort bien ; c'est faire un bon usage....
Ah le brave homme ! embrassons-nous :
L'ami, nous aurons soin de vous.

COMÉDIE.

DOLIVAL, à *Candor.*

Je vais, loin de vos yeux, mettre tout en pratique,
 Pour réparer ma honte et mon erreur ;
Et je ferai si bien, que l'estime publique
Me rendra quelque jour mes droits sur votre cœur.

CANDOR, *à Dolival qui se retire.*

Tâche, tâche d'être plus sage,
Et si dans la raison je te vois affermi,
(Tu n'es que mon neveu), tu seras davantage :
 Je ferai de toi mon ami.

(*Le Vieillard distribue l'argent de la bourse à tous les Moissonneurs.*)

VAUDEVILLE.

RUSTAUT, NICOLE.

Des biens que votre main dispense,
Qu'un heureux sort vous récompense :
Ce sont nos vœux, notre espérance.
Puissiez-vous long-temps moissonner !
Et que dans l'extrême vieillesse,
Sans regretter votre jeunesse,
Malgré les ans, le temps vous laisse
Encor le plaisir de glaner.

LES MOISSONNEURS;

(*Tous les Moissonneurs et Moissonneuses chantent en chœur les vers suivans, qui servent de refrein au premier couplet.*)

Que la vieillesse
Encor vous laisse
Long-temps le plaisir de glaner.

CANDOR.

En tout pays chacun est frère ;
Et du plus au moins on diffère.
Celui que le sort nous préfère
A le bonheur de moissonner :
Qu'il vive au sein de l'abondance ;
On souffrira son opulence,
S'il peut à la faible indigence
Laisser quelque chose à glaner.

ROSINE, à *Gennevote*.

Mon cœur jouit d'un bien suprême :
J'aime Candor, et Candor m'aime ;
Il m'élève jusqu'à lui-même.
Je puis à présent moissonner.
Mais jamais ma reconnaissance
N'oubliera que sa bienfaisance,
Quand nous étions dans l'indigence,
Ici m'a permis de glaner.

GENNEVOTE.

Nous n'avons point l'ame asservie :
Loin de nous la fraude et l'envie.
S'il est des fleurs dans notre vie,
On peut ici les moissonner.

Mais parmi le fracas des villes,
Il est peu de plaisirs tranquilles :
Dans ces champs ingrats et stériles,
On est trop heureux de glaner.

CANDOR.

Jadis le Parnasse fertile
Était une campagne utile ;
Dans ce temps un auteur habile
Trouvait toujours à moissonner :
Mais hélas ! la race première
N'a rien laissé pour la-dernière ;
Et quand on vient après Molière,
Heureux qui peut encor glaner !

(*Tous les Acteurs et les Moissonneurs chantent en chœur, au Parterre, les deux vers suivans :*)

Notre espérance la plus chère
Est de pouvoir encor glaner.

(*Les Moissonneurs forment des danses, présentent des bouquets de barbeaux et de coquelicos à Candor, à Rosine et à Gennevote.*)

FIN.

LA ROSIÈRE
DE SALENCI,

COMÉDIE

EN TROIS ACTES,

MÊLÉE D'ARIETTES.

Représentée devant LEURS MAJESTÉS, par les Comédiens Italiens ordinaires du Roi, à Fontainebleau, le 25 octobre 1769.

Rara avis in terris.

ÉCLAIRCISSEMENT
HISTORIQUE
SUR LA FÊTE DE LA ROSE.

La Fête de la Rose n'est point une fiction. Depuis 1200 ans et plus, on la célèbre chaque année en Picardie, au village de Salenci, à une demi-lieue de Noyon*. On attribue l'institution de cette fête à S. M., qui vivait sous les règnes de Méroué, Childéric et Clovis, dans le cinquième siècle de notre ère, alors Seigneur de ce village. Cet homme respectable avait imaginé « de donner tous les ans, à celle des filles de sa « terre qui jouirait de la plus grande réputation de « vertu, une somme de vint-cinq livres, qui était, « en ce temps-là, une somme assez considérable, « et une couronne ou chapeau de roses. On dit qu'il « donna lui-même ce prix glorieux à l'une de ses « sœurs, que la voix publique avait nommée pour « être Rosière.

---

* On en voit le détail dans l'*Année Littéraire*, n° 19, année 1766, et dans un ouvrage patriotique, aussi intéressant qu'agréable, de M. de Sauvigny, intitulé : l'*Innocence du premier âge en France*. Le présent avertissement n'en est qu'un faible extrait.

ÉCLAIRCISSEMENT HISTORIQUE

« Cette récompense devint, pour les filles de Sa-
« lenci, un puissant motif de sagesse. Indépendam-
« ment de l'honneur qu'en retirait la Rosière, elle
« trouvait infailliblement à se marier dans l'année.
« Ce digne seigneur, frappé de ces avantages, per-
« pétua cet établissement. Il détacha des domaines
« de sa terre onze à douze arpens, dont il affecta
« les revenus au paiement des vingt-cinq livres, et
« des frais accessoires de la cérémonie de la Rose.

« Par le titre de la fondation, il faut non-seule-
« ment que la Rosière ait une conduite irréprocha-
« ble; mais que son père, sa mère, ses frères et ses
« sœurs soient eux-mêmes irrépréhensibles. »

Depuis ce temps, le seigneur du lieu, ou l'intendant de la province, ou leur préposé, a droit de
choisir la Rosière, d'après le rapport du bailli; mais
il faut que le jugement soit confirmé par tous les
notables du village.

« Le 8 juin, vers les deux heures après midi, la
« Rosière, vêtue de blanc, frisée, poudrée, les che-
« veux flottans en grosses boucles sur les épaules,
« accompagnée de sa famille, et de douze filles aussi
« vêtues de blanc avec un large ruban bleu en bau-
« drier, auxquelles douze garçons du village donnent
« la main, se rend au lieu destiné pour la cérémo-
« nie, au son des tambours, des violons et des
« musettes. »

On pose la couronne de roses sur sa tête, et on lui
remet en même temps la somme de vingt-cinq livres;
ensuite on forme un bal champêtre. Plusieurs de nos
rois ont honoré de leur protection cet établissement
utile.

SUR LA FÊTE DE LA ROSE.

« Louis XIII se trouvant, il y a cent cinquante
« ans, au château de Varennes, près Salenci, M. de
« Belloy, alors Seigneur de ce dernier village, sup-
« plia de faire donner en son nom le prix destiné
« pour la Rosière. Louis XIII y consentit, et envoya
« M. le Marquis de Gordes, son premier capitaine
« des gardes, qui fit la cérémonie pour SA MAJESTÉ,
« et qui, par ses ordres, ajouta une bague et un
« cordon bleu. C'est depuis cette époque que la
« Rosière reçoit cette bague, et qu'elle et ses com-
« pagnes sont décorées de ces rubans. Tous ces faits
« sont constatés par les titres les plus authentiques.
« On ne saurait croire combien ce prix excite à
« Salenci l'émulation des mœurs et de la sagesse.
« Tous les habitans de ce village, composé de cent
« quarante-huit feux, sont doux, honnêtes, sobres,
« laborieux, et vivent satisfaits de leur sort. Il n'y a
« pas un seul exemple d'un crime commis par un na-
« turel du lieu, pas même d'un vice grossier, en-
« core moins d'une faiblesse de la part du sexe.

ACTEURS.

HÉLÈNE.
THÉRÈSE.
NICOLE.
Madame MICHEL, mère d'Hélène.
Madame GRIGNARD, mère de Thérèse.
LE BAILLI.
LE RÉGISSEUR.
COLIN, amoureux d'Hélène.
THOMAS, amoureux de Thérèse.
FRANÇOIS.
GUILLOT.
LUCAS, et plusieurs autres garçons qui prétendent épouser la Rosière.
JÉROME, garçon meûnier et tambourineur.
UN COMMANDANT DE LA MARÉCHAUSSÉE.
UN VIEILLARD.
UNE VIEILLE FEMME.
UNE AUTRE VIEILLE.
UNE SENTINELLE.

PERSONNAGES MUETS.

GARDES DE MARÉCHAUSSÉE.
MILICIENS, GARDES-CHASSES, MESSIERS et différens HABITANS du village de tout sexe et de tout âge.

LA ROSIÈRE DE SALENCI,

COMÉDIE.

ACTE PREMIER.

Le Théâtre représente un paysage ; dans le fond est un bosquet orné de guirlandes de fleurs ; sous ce bosquet est une table entourée de plusieurs siéges ; à droite du théâtre est une ferme avec un moulin ; attenant la porte de la ferme est un banc ; de l'autre côté du théâtre est une maison avec une porte et une fenêtre grillée, et plus loin un bout de mur, proche duquel est un arbre isolé.

SCÈNE PREMIÈRE.

Madame MICHEL, seule.

ARIETTE.

Que l'ouvrage cesse,
Arrêtez le moulin ;
Autre soin nous presse,
Nous moudrons demain :
Que l'ouvrage cesse,
Nous moudrons demain.

LA ROSIERE DE SALENCI,

    Chacun se prépare
    A voir à Salenci
    Une fête rare,
    Qu'on ne voit qu'ici;
    Une fête rare,
    Qu'on ne voit qu'ici.

On accorde un prix à nos filles,
Prix d'honneur qu'il faut mériter;
Prix d'honneur que les moins gentilles
Trop souvent ont su remporter.
Mais j'entends déjà les musettes
De tous les hameaux d'alentour,
Célébrer par leurs chansonnettes
Le retour de cet heureux jour.

    Que l'ouvrage cesse,
    Arrêtez le moulin;
    Autre soin nous presse,
    Nous moudrons demain;
    Autre soin nous presse,
    Nous moudrons demain.

Tous les ans dans notre village,
Et depuis dix siècles passés,
On couronne une fille sage;
Et nos soins sont récompensés.
    Cessez, cessez, cessez.

AVEC LE CHŒUR, *qu'on ne voit point.*

    Chacun se prépare, etc.

SCÈNE II.

Mad. MICHEL, JÉROME.

Mad. MICHEL.

Jérome ?

JÉROME.

Not' bourgeoise ?

Mad. MICHEL.

A-t-on eu soin d'approprier les dehors du moulin et de la ferme ? car c'est dans ce bocage que l'on va célébrer la fête de la Rose.

JÉROME.

Oh ! je savons que c'est aujourd'hui la fête de la sagesse des filles ; ça n'arrive pas tous les jours, et M. le Bailli nous mettrait à l'amende, si je n'étions pas en règle.

Mad. MICHEL.

Comme de raison. Tiens, mon ami, voilà pour toi et tes camarades. Vous achèterez des rubans, vous prendrez part à la fête.

JÉROME.

De tout not' cœur ; car je sommes ben sûrs que l'honneur en sera pour Hélène, vot' chère enfant. Tatigué ! ça fera taire les mauvaises langues.

Mad. MICHEL.

Quelles mauvaises langues?

JÉROME.

Eh! par exemple, madame Grignard, qui veut que sa fille soit Rosière, et pis les parens de la petite Nicole qui est itou une des prétendantes.

Mad. MICHEL.

Eh bien! quoi? que disent-ils?

JÉROME.

Eh ben! qu'Hélène est une brave fille, à la vérité; mais que vous lui laissez trop de liberté, que ce n'est pas comme ça qu'on élève des enfans.

Mad. MICHEL.

Je réponds de ma fille. Où est-elle?

JÉROME.

La voici. Adieu la mère Michel; je vais prendre mon tambour, car c'est moi qui dois tambouriner à la fête. J'avons trois filles sages pour une cette année, ça mérite ben qu'on fasse du bruit.

SCÈNE III.

Mad. MICHEL, HÉLÈNE.

HÉLÈNE.

Bon jour, maman.

Mad. MICHEL.

Te voilà déjà prête?

HÉLÈNE.

Oui.

Mad. MICHEL.

Pourquoi n'as-tu pas ton beau tablier?

HÉLÈNE.

Ah! maman, vous me gronderez peut-être.

Mad. MICHEL.

Est-ce que je t'ai jamais grondée?

HÉLÈNE.

C'est que je l'ai donné à la petite Nicole pour lui en faire une collerette et un bavolet. Vous savez qu'elle est pauvre.

Mad. MICHEL.

Et tu crains que je te gronde pour ça?.... As-tu mis tes petites tourterelles à la fenêtre?

HÉLÈNE.

Je ne les ai plus.

Mad. MICHEL.

Pourquoi?

HÉLÈNE.

ARIETTE.

Mes tourtereaux, mes tourterelles
De leur prison voulaient sortir;
Tout à l'entour, battant des ailes,
J'entendais leur mère gémir,
Soupirer, soupirer, gémir.
Je n'aime point à voir souffrir;
Ah! je les aurais vu mourir!
J'ouvre la cage;
Ah! maman, quel plaisir!
Si vous les aviez vu s'empresser pour sortir;
Si vous les aviez vus!.... Quel plaisir! quel plaisir!
Ils volaient, ils volaient de bocage en bocage;
Je croyais voler avec eux.
Quel plaisir, quel plaisir, quand on fait des heureux!

Mad. MICHEL.

Tu as bien fait; tu as bien fait. J'aime à te voir profiter de la bonne éducation que ton père t'a donnée. Il avait étudié, et tout fermier qu'il était, il en savait plus à lui seul sur le bout de son petit doigt, que le tabellion, le procureur fiscal et le bailli lui-même. N'oublie pas ses leçons.

HÉLÈNE.

Eh! puis-je les oublier? votre exemple et votre tendresse me les rappellent tous les jours.

Mad. MICHEL.

Il te rendait la sagesse aimable, il t'instruisait en t'amusant, il profitait de la moindre chose : par exemple ; un jour que nous nous promènions ensemble sur le bord d'un étang, il te disait :

Air : *Menuet d'Exaudet.*

Cet étang
Qui s'étend
Dans la plaine,
Répète au sein de ses eaux,
Ces verdoyans ormeaux,
Où le pampre s'enchaîne.
Un jour pur,
Un azur
Sans nuages,
Vivement s'y réfléchit :
Le tableau s'enrichit
D'images.

Mais tandis que l'on admire
Cette onde où le ciel se mire,
Un zéphir
Vient ternir
La surface
De la glace.
D'un souffle il confond les traits,
Détruit tous les effets ;
L'éclat de tant d'objets
S'efface.

Un soupir,
Un désir,
O ma fille !
Peut ainsi troubler un cœur,
Où se peint la candeur,
Où la sagesse brille.
Le repos,
Sur ces eaux,
Peut renaître ;
Mais il se perd sans retour,
Dans un cœur don l'amour
Est maître.

HÉLÈNE.

Mais, ma mère, vous me regardez en disant cela! est-ce que vous avez quelque reproche à me faire?

Mad. MICHEL.

Non; mais prends bien garde....

HÉLÈNE, gaîment.

Bon! bon! ne craignez rien, je serai toujours digne de vous.

Mad. MICHEL.

A la bonne heure.

HÉLÈNE.

Maman, j'ai une permission à vous demander.

Mad. MICHEL.

Quoi?

HÉLÈNE.

C'est d'aller faire des guirlandes de fleurs pour mes deux bonnes amies Nicole et Thérèse qui doivent paraître avec moi à la cérémonie.

Mad. MICHEL.

Eh bien, va; mais ne t'éloigne pas.

HÉLÈNE.

Non, maman; mais baisez-moi donc. (*Elle sort.*)

SCÈNE IV.

Mad. MICHEL, seule.

Cette chère enfant! on dit que je la gâte, que je lui souffre tout.... Quand un naturel est bon, il faut le laisser aller : la contrainte lui fait du tort. Je veux que ma fille soit, comme moi, sage, gaie, libre et heureuse.

SCÈNE V.

Mad. MICHEL, COLIN.

COLIN, *avec feu et tout essoufflé.*

Ah! madame Michel, ma chère madame Michel!.....

Mad. MICHEL.

Qu'as-tu donc Colin, comme te voilà?

COLIN.

Hélène est une des trois filles nommées pour avoir le prix de la sagesse. Elle l'aura, elle l'aura sans doute ; et s'il était encore un prix pour la beauté, la gentillesse, elle l'aurait encore.

Mad. MICHEL.

Pour tout cela, non; mais pour la sagesse, oui : car ma fille est ma fille.

COLIN.

ARIETTE.

On doit couronner en ce jour
Et la sagesse, et l'innocence,
Hélas! pour le plus tendre amour,
N'est-il donc point de récompense?

La sagesse est un grand trésor,
C'est la parure d'une belle;
Mais l'amour constant et fidèle
Est peut-être plus rare encor.

On doit couronner en ce jour
Et la sagesse, et l'innocence;
Hélas! pour le plus tendre amour
N'est-il donc point de récompense?

Mad. MICHEL.

Hein? Que voulez-vous dire avec votre plus tendre amour?

COLIN, *d'un ton caressant.*

Hélène et moi, dès nos plus jeunes ans, nous avions de l'amitié l'un pour l'autre : cela vous réjouissait.

Mad. MICHEL.

Oui, c'est la vérité.

COMÉDIE.

ARIETTE.

Lorsque vous étiez dans l'enfance,
Sur mes genoux tous deux je vous plaçais.
Je vous berçais, je vous berçais ;
Je vous baisais, je vous baisais.
L'un ici, l'autre là ;
Là, là, là, là, là, là:
Vous sautiez en cadence.

Ces chers enfans, ils s'embrassaient ;
Leurs petits doigts s'entrelaçaient,
Ils penchaient déjà l'un vers l'autre.
Oui, son cœur s'approchait du vôtre.
Ah ! disais-je à mon pauvre époux,
Un jour ils s'aimeront peut-être ;
Et cela nous ferait renaître,
S'ils étaient unis comme nous.

COLIN, *vivement.*

Oui, c'était le désir du père Michel, c'était le vôtre ; et, depuis que j'ai de la connaissance, ça toujours été le mien.

Mad. MICHEL.

Ta bonne intention me fait plaisir ; mais.....

COLIN.

Eh bien ! l'auriez-vous cru ? elle avait alors de l'amitié pour moi ; à présent elle ne m'aime plus du tout, du tout.

Mad. MICHEL.

Vous étiez alors des enfans ; aujourd'hui quelle différence !

COLIN.

Est-ce une raison pour qu'elle me haïsse?

Mad. MICHEL.

Ne sais-tu pas nos lois? ne sais-tu pas qu'il n'est point permis à une fille de Salenci de disposer de son cœur, et de témoigner la moindre inclination? O ciel! si ma chère enfant était soupçonnée d'avoir du penchant pour toi, tout serait perdu, ma fille ne serait jamais Rosière.

COLIN.

Rassurez-vous.

ARIETTE.

Hélène
M'interdit par sa rigueur;
Ma peine
Ne saurait toucher son cœur.
D'abord elle part,
Et fuit à perdre haleine,
Lorsque par hasard
Je la rencontre au bois ou dans la plaine.

Hélène, etc.

Quand elle rit, quand elle chante,
Si je l'écoute, elle se tait :
Et sitôt que je me présente,
Tout l'inquiète et lui déplaît.
Au son de ma musette
On l'entend soupirer.
Ah! je crois qu'elle est faite
Pour me désespérer !.....
Chaque jour sa fierté redouble;
Et quand on parle de Colin,
Elle rougit, elle se trouble :
C'est un effet de son dédain.

Hélène
M'interdit par sa rigueur;
Ma peine
Ne saurait toucher son cœur.

Mad. MICHEL.

Mais si effectivement elle a tant d'éloignement pour toi, que veux-tu que j'y fasse?

COLIN.

Ah! comme elle est trop sage pour avoir d'autre volonté que la vôtre, si vous lui disiez.... (quand elle sera Rosière, s'entend,) si vous lui disiez de m'aimer, je suis sûr, bien sûr qu'elle m'aimerait tout de suite, et nous nous marierions ensemble, comme c'était votre intention.

Mad. MICHEL.

Je ne puis rien faire sans le consentement du Bailli.

COLIN.

Ah! je l'aurai, je l'aurai : je vais me faire inscrire sur son registre : c'est le droit de tous les honnêtes garçons.

Mad. MICHEL.

Le voici.

COLIN.

Ah ! si vous vouliez me présenter....

Mad. MICHEL.

Soit.

SCÈNE VI.

LE BAILLI, LE RÉGISSEUR, Mad. MICHEL, JÉROME, LE BRIGADIER DE MARÉCHAUSSÉE *avec ses gens*, LES GARDES-CHASSES, LES MESSIERS ET LE COMMANDANT DE LA MILICE DU PAYS.

LE BAILLI, *d'un air d'importance.*

ARIETTE.

Monsieur le commandant, messieurs les officiers,
Faites respecter ma police.
Nos gardes-chasses, nos messiers,
Et nos garçons de la milice,
Qui savent faire l'exercice,
Seront tous à votre service :
Postez-les dans tous les quartiers.

Monsieur le commandant, messieurs les officiers,
Faites respecter ma police.

Si quelqu'un, par hasard,
Troublait ce jour de fête,
Qu'on l'arrête,
Qu'on l'arrête sans égard ;
Qu'on me l'amène
Pour l'interroger,
Pour le juger
A la séance prochaine.

Monsieur le commandant, messieurs les officiers,
Vous, gardes-chasses et messiers,
Et vous garçons de la milice,
Faites respecter ma police.

Mad. MICHEL ET COLIN, *faisant la révérence.*

Monsieur le Bailli?....

LE BAILLI.

Ah! bon jour, bon jour, madame Michel : laissez, laissez-moi un moment. (*En appelant les gardes.*) Écoutez, écoutez, messieurs.

COLIN.

Monsieur le Bailli, c'est que cela presse, et je viens vous demander votre protection pour épouser...

LE BAILLI, *faisant l'homme affairé.*

Oui, oui; tu peux compter sur moi, mon ami, mon enfant.... Vous reviendrez.

COLIN, *avec transport de joie.*

Je peux compter sur lui!.... Madame Michel, je peux compter sur lui. (*Ils sortent.*)

LE BAILLI, *montrant le Régisseur.*

Quand Monsieur passera devant le corps-de-garde, qu'on lui rende les honneurs militaires, car c'est monsieur le Régisseur qui représente monseigneur l'Intendant.

(*Le commandant et sa suite saluent le Régisseur; Jérôme bat le tambour derrière le Régisseur.*)

LE RÉGISSEUR, *surpris.*

Peste soit du manant avec son tambour !
(*Jérôme se retire en faisant une grande inclination.*)

SCÈNE VII.

LE BAILLI, LE RÉGISSEUR.

LE BAILLI.

Ouf !

LE RÉGISSEUR.

Je conçois, M. le Bailli, que vous devez avoir bien de la peine.

LE BAILLI.

Cela n'est pas croyable. C'est moi qui suis chargé de la sagesse de toutes les filles du village, et j'en ai trente sous ma direction.

LE RÉGISSEUR.

Quelle heureuse fécondité dans un si petit canton !

LE BAILLI.

Un ancien a dit : *rara avis in terris ;* c'est-à-dire, qu'une fille exactement sage est un oiseau rare sur la terre.

LE RÉGISSEUR.

Il avait raison.

LE BAILLI.

Il avait tort. Il y a beaucoup plus de filles sages qu'on ne pense ; et il y en aurait bien davantage, si on excitait ailleurs la noble émulation qui règne ici.

Partout on annonce des prix pour je ne sais combien de choses moins difficiles. Ici c'est à une conduite régulière, c'est à la sagesse même que l'on adjuge une récompense. Quelle récompense? Un chapeau de roses, qui n'est pas moins honorable que des médailles d'or.

LE RÉGISSEUR.

Mais n'êtes-vous pas obligé quelquefois de réserver le prix?

LE BAILLI.

Jamais.

LE RÉGISSEUR.

Là, en conscience, vous n'êtes donc guère difficile?

LE BAILLI.

Guère difficile! La plus petite inconséquence suffit pour qu'on ait l'exclusion.

LE RÉGISSEUR.

Diable!

LE BAILLI.

Je vous avouerai pourtant que nous avons quelquefois de mauvaises années, des temps de disette.

LE RÉGISSEUR.

Je le crois.

LE BAILLI.

Par exemple, quand le hasard nous amène des militaires, des petits-maîtres de robe, de jeunes abbés....

LA ROSIÈRE DE SALENCI,

LE RÉGISSEUR.

Oui, c'est comme un vent d'orage : tout est grêlé ; adieu la récolte.

LE BAILLI.

Pas tout à fait ; nous avons alors recours à la réserve.

LE RÉGISSEUR.

Qu'appelez-vous la réserve ?

LE BAILLI.

Ce sont des filles qui n'ont pas le malheur d'être jolies, et qui, par conséquent, sont sages par nécessité.

LE RÉGISSEUR.

J'entends : vous faites de nécessité vertu.

VAUDEVILLE.

J'admire tous les avantages
Que l'on trouve ici ;
L'exemple des meilleurs ménages
Est à Salenci.

LE BAILLI.

Oui.

LE RÉGISSEUR.

Tous les maris
Y sont chéris,
Et les filles sont sages.

LE BAILLI.

Oui.

COMÉDIE.

LE BAILLI.

C'est un bonheur que ce pays
Soit si loin de Paris.

LE RÉGISSEUR.

Ah! quel bonheur que ce pays
Soit si loin de Paris!

LE RÉGISSEUR.

Ah çà, comme c'est la première fois que je représente ici pour Monseigneur, mettez-moi au fait du cérémonial.

LE BAILLI.

Je vous instruirai à mesure ; il faut, au préalable, que vous ayez une bourse de vingt-cinq livres tournois : c'est le prix que l'on ajoute à la couronne.

LE RÉGISSEUR.

C'est bien peu pour récompenser la vertu : la coquetterie se paie ailleurs mille fois.... cent mille fois davantage. Tenez, voilà vingt-cinq louis d'or de la part de Monseigneur, à cause de la rareté du fait.

LE BAILLI.

Quelle générosité !

LE RÉGISSEUR, *en riant*.

Bon! bon! il doterait à ce prix toutes vos filles sages, sans risquer de se ruiner.

LE BAILLI.

Monsieur le Régisseur est un peu goguenard.

LE RÉGISSEUR.

Ah! point du tout,

LA ROSIÈRE DE SALENCI,

LE BAILLI, *d'un air sérieux.*

Il ne manquerait plus à la corruption de notre siècle que de jeter du ridicule sur la fête de la Rose et sur le plaisir pur qu'elle doit faire aux ames honnêtes et sensibles.

LE RÉGISSEUR.

Comme vous prenez feu !

LE BAILLI, *avec colère.*

C'est qu'on ne plaisante point sur un sujet aussi grave.

LE RÉGISSEUR, *toujours d'un ton badin.*

Non, sans doute ; je sais bien que la sagesse n'est pas un sujet plaisant.

LE BAILLI, *plus vivement.*

Encore ! Vous avez fort mauvaise grace....

LE RÉGISSEUR.

Eh ! là, là.... calmez-vous. Pour vous prouver que je respecte beaucoup la sagesse des filles, c'est que j'ai formé le projet d'épouser celle qui sera Rosière.

LE BAILLI, *avec surprise.*

Vous, Monsieur ?

LE RÉGISSEUR.

J'y suis déterminé.

LE BAILLI.

Serait-il possible ?....

COMÉDIE.

LE RÉGISSEUR.

ARIETTE.

J'avais une femme altière,
Coquette, imprudente et fière :
C'était un fardeau bien lourd.
Pour n'être pas en querelle,
Il fallait être avec elle
Aveugle, muet et sourd :
C'était un fardeau bien lourd.
 Est-il des nœuds
 Plus beaux que ceux
 Du mariage,
 Quand une femme sage
 Prévient tous vos vœux.
Qu'il est doux de s'entendre dire :
Ce que tu veux, je le désire ;
Oui, je désire ce que tu veux !

DUO.

LE BAILLI.	LE RÉGISSEUR.
C'est la même flamme :	C'est la même flamme :
On n'a qu'une ame,	On n'a qu'une ame,
Un cœur à deux ;	Un cœur à deux ;
On passe ainsi des jours heureux.	On passe ainsi des jours heureux.

SCÈNE VIII.

LE BAILLI, LE RÉGISSEUR, NICOLE.

NICOLE, *toute effrayée.*

Ah ! monsieur le Bailli, monsieur le Bailli....

LE BAILLI.

Qu'avez-vous donc, la petite Nicole ?

NICOLE.

C'est qu'il y a là bas des hommes qui m'ont regardée.... (*Apercevant le Régisseur.*) Ah ! en voilà encore un.

LE BAILLI.

Rassurez-vous : c'est monsieur le Régisseur ; ce n'est pas un homme à craindre.

NICOLE.

Ah ! il est donc comme vous, monsieur le Bailli ?

LE BAILLI.

C'est un autre moi-même, un honnête homme en qui vous pouvez avoir toute confiance, et dont les conseils vous rendront encore plus sage.

NICOLE.

Ah ! c'est différent.

LE BAILLI, *bas au Régisseur.*

Commencez par interroger celle-ci : examinez si elle vous conviendrait.

(*Il sort.*)

SCÈNE IX.

LE RÉGISSEUR, NICOLE.

LE RÉGISSEUR.

Vous appréhendez donc bien les hommes, ma petite ?

NICOLE, *parlant entre ses dents.*

Em...., Monsieur....

LE RÉGISSEUR.

Dites-vous oui ?

NICOLE.

Em...., Monsieur....

LE RÉGISSEUR.

Dites-vous non ?

NICOLE.

Oh ! non. Ce n'est pas que je les appréhende, moi : ils ne m'ont jamais fait de mal, au contraire ; mais ma mère me dit d'en avoir peur, et j'en ai peur.

LE RÉGISSEUR.

Et vous a-t-elle dit pourquoi ?

NICOLE.

Je m'en rapporte à ma mère, et surtout à ma tante, quoiqu'elle n'ait pas été Rosière.

LE RÉGISSEUR.

Votre tante n'a pas été Rosière ?

NICOLE.

Vraiment non, pour un rien.

LE RÉGISSEUR.

Oh ! oh ! dites-moi, dites-moi donc ?

NICOLE.

Dam' ! un soir un berger qui revenait des champs fit entendre le son d'une cornemuse sous les fenêtres de ma tante; et ma tante qui a toujours aimé les chansons ouvrit son volet pour mieux l'écouter : le Bailli l'a su, il n'en a pas fallu davantage.

LE RÉGISSEUR.

Quoi ! pour si peu ?

NICOLE.

Sans doute : aussi n'ouvrirais-je pas ma fenêtre pour tout l'or du monde, quand un Roi lui-même viendrait jouer de la cornemuse devant notre porte.

LE RÉGISSEUR, à part.

ARIETTE.

Nicole a l'air bien novice.
(à Nicole.) Vous êtes donc sage ?

COMÉDIE.

NICOLE.

Hein! hein!
Monsieur, à votre service.

LE RÉGISSEUR.

Il faut que j'en sois certain.
Qu'est-ce qu'une fille sage ?

NICOLE.

C'est....

LE RÉGISSEUR.

Courage.

NICOLE.

Celle qui....

LE RÉGISSEUR.

Voyons.

NICOLE.

Quoi ?

LE RÉGISSEUR.

Eh bien ?

NICOLE.

Hein....
Oh! dam', moi, je n'en sais rien.

LE RÉGISSEUR.

De quinze ans vous avez l'âge :
Quinze ans donnent de l'esprit ;
On sait bien quand on est sage.

NICOLE.

Oh! ma mère me l'a dit.
Oui, demandez à ma mère,
A mon père ;
C'est moi qui.... suis....

LE RÉGISSEUR.

Eh bien ?

NICOLE.

Sage.

LE RÉGISSEUR, *la contrefaisant.*

Hein ! hein !
Oh ! dam', moi, je n'en sais rien.
(*A part.*) Je ne crois pas que l'on trouve
Une Agnès de ce ton-là.
(*A Nicole.*) Il est bon que l'on éprouve.....

NICOLE.

Monsieur, comme il vous plaira.

LE RÉGISSEUR.

A votre âge, aussi gentille,
Toute fille
Sent là......
(*Mettant la main sur son cœur.*)

NICOLE, *faisant de même.*

Là ?

LE RÉGISSEUR.

Parler.....

NICOLE.

Qui ?

LE RÉGISSEUR.

Le cœur.

NICOLE.

Hein ?....
Oh ! dam', moi, je n'en sais rien.
Bon ! bon ! Monsieur, vous voulez vous moquer de
moi : est-ce que le cœur parle ?

COMÉDIE.

LE RÉGISSEUR.

Eh! oui, sans doute.

ARIETTE.

Le cœur, Nicole, a son langage;
C'est un regard, c'est un soupir :
Un geste, un rien a l'avantage
D'exprimer tout, jusqu'au désir.
Venez.

NICOLE.

Oui-dà ! serais-je plus sage ?

LE RÉGISSEUR.

Oui-dà.

ENSEMBLE.
{
NICOLE.
Ah! ah!
Mais comment donc ça ?
LE RÉGISSEUR.
Le cœur parlera.
}

Mais ne soyez pas si niaise.

Levez les yeux. (*A part.*) Ah! qu'ils sont doux!
(*Haut.*) Donnez la main; que je la baise.

NICOLE.

Baiser ma main !...

LE RÉGISSEUR.

Que craignez-vous ?

ENSEMBLE.

LE RÉGISSEUR.	NICOLE.
Venez,	Ah! ah!
Donnez.	Oui-dà !

II.

LA ROSIÈRE DE SALENCI,

NICOLE.

Oh ! ne vous déplaise.....

ENSEMBLE.

LE RÉGISSEUR.   NICOLE.

Venez,   Vraiment,
Donnez,   Maman
Le cœur parlera.   M'a défendu ça.

SCÈNE X.

LE BAILLI, LE RÉGISSEUR, NICOLE.

LE BAILLI, *au Régisseur, qui veut baiser la main de Nicole.*

Arrêtez ! arrêtez ! qu'allez-vous faire ?

LE RÉGISSEUR.

Ne m'avez-vous pas dit d'examiner, d'interroger ? Eh bien, j'examine, j'interroge.

NICOLE.

Eh ! vous m'avez dit de me confier à cet honnête homme-là ; et je me confie, moi.

LE BAILLI, *à Nicole.*

Retirez-vous.

NICOLE, *au Régisseur.*

Adieu, Monsieur ; je me recommande à vous pour être plus sage.

(*Elle sort.*)

SCÈNE XI.

LE BAILLI, LE RÉGISSEUR.

LE BAILLI.

Monsieur le Régisseur !....

LE RÉGISSEUR.

N'allez-vous pas me gronder aussi ?

LE BAILLI.

Baiser la main d'une jolie fille......

LE RÉGISSEUR.

Monsieur le Bailli....

LE BAILLI.

Qui n'a pas plus de quinze ans.....

LE RÉGISSEUR.

Monsieur....

LE BAILLI.

Dont l'innocence est un trésor !....

LE RÉGISSEUR, *d'un ton impatient, et avec une vivacité qui s'augmente de plus en plus.*

Eh! que diable! c'est à cause de cela ; j'aime l'innocence, moi : c'est ce que je cherche depuis plus de vingt ans. Ne savez-vous pas mes intentions ? ne dois-je pas épouser la Rosière ? n'est-ce pas mon intérêt d'examiner ?..... Écoutez : si vous êtes prompt, je suis vif, et je suis Picard aussi bien que vous.

LE BAILLI, *froidement.*

Eh bien, par exemple, voilà des raisons.

LE RÉGISSEUR, *vivement.*

Vous ne voulez pas m'entendre.

LE BAILLI, *de même.*

Oui, quand on est si vif l'un et l'autre.... (*avec modération.*) Eh bien, que dites-vous de la petite Nicole ?

LE RÉGISSEUR, *contrefaisant Nicole.*

Hein ! hein ! oui-dà ! ah ! ah !.... Si l'ignorance et la simplicité sont des titres, elle aura le prix.

LE BAILLI.

C'est-à-dire, qu'elle n'est pas de votre goût ?

LE RÉGISSEUR.

Au contraire, au contraire ; une femme novice a son mérite.

ARIETTE.

Un cœur tout neuf
Est comme un œuf
Que l'amour couve sous son aile :
En l'animant
Tout doucement
Par une chaleur naturelle,
Un temps viendra
Qu'il éclora,
Ce joli petit cœur de fille :

Il en naîtra
Le désir,
Le plaisir,
Comme un petit oiseau qui sort de sa coquille.

LE BAILLI.

Ne vous décidez pas avant d'avoir vu les deux autres prétendantes.

LE RÉGISSEUR.

C'est bien mon intention.

LE BAILLI.

Je vais informer secrètement leurs parens de votre dessein, et je refuserai tous les garçons qui viendront se faire inscrire.

LE RÉGISSEUR.

Comment, tous les garçons?

LE BAILLI.

Oui : tous les garçons de ce village, dont la probité est reconnue, peuvent prétendre à épouser la Rosière ; et elle a la permission de choisir entr'eux.

LE RÉGISSEUR.

Mais, mais, si elle ne me choisit pas?

LE BAILLI.

Laissez-moi faire : vous êtes un parti trop considérable..... Je réponds de tout. Je viendrai vous rejoindre, quand j'aurai fait ma tournée.

SCÈNE XII.

LES ACTEURS PRÉCÉDENS, THOMAS, LUCAS, GUILLOT, FRANÇOIS, et autres GARÇONS DU VILLAGE, *venant l'un après l'autre.*

CANON.

Je viens me faire inscrire,
A titre d'épouseux ;
On n'a rien à me dire,
Et je dois être heureux.

François
Thomas } doit être heureux.
Lucas
Guillot

LE BAILLI.

Doucement ! doucement !

THOMAS.

Thomas se recommande à vous, monsieur le Bailli.

LE BAILLI.

Oh ! tous mes arrangemens sont pris pour cette année, j'ai donné ma parole, et je n'inscris plus personne.

CHŒUR.

THOMAS ET LES AUTRES GARÇONS.	LE RÉGISSEUR ET LE BAILLI.
THOMAS, *fièrement.*	LE BAILLI.
Vous devez nous protéger.	Mais je crois qu'il nous menace.
LES GARÇONS, *à Thomas.*	LE RÉGISSEUR.
Nous devons les ménager.	Quelle audace !
TOUS.	
Ah ! de grâce !	
THOMAS.	
Je suis Thomas.	
UN AUTRE.	
Je suis François.	
UN TROISIÈME.	LE BAILLI.
Je suis Lucas.	J'ai fait mon choix.
TOUS.	LE BAILLI, LE RÉGISSEUR.
Eh ! de grâce ! eh ! de grâce !	Laissez-nous, cela nous lasse. Vous reviendrez une autre fois. Laissez-nous.
THOMAS.	
Je sais nos lois.	C'est à nous à donner des lois.
(*A part.*)	
Je saurai soutenir mes droits.	
TOUS, *en s'en allant.*	
Il faudra soutenir nos droits.	C'est à nous à donner des lois.

FIN DU PREMIER ACTE.

ACTE II.

SCÈNE PREMIÈRE.

HÉLÈNE, COLIN.

HÉLÈNE *entre gaîment et en dansant; elle a une corbeille où sont des fleurs et des guirlandes.*

ARIETTE.

En voltigeant de fleurette en fleurette,
Un papillon léger, badin,
Jouit des trésors d'un jardin,
En voltigeant de fleurette en fleurette.
Si quelque enfant malin le guette,
Et le poursuit pour l'attraper,
Le papillon sait toujours s'échapper,
En voltigeant de fleurette en fleurette.
Ainsi, d'une humeur vive et folle,
Je trompe l'espoir d'un amant :
Je suis le papillon qui vole ;
Pour moi l'Amour n'est qu'un enfant.

(*Elle s'assied sur un banc en disant :*)

Achevons ici mes guirlandes.

COLIN.

La voici ; je n'ose lui parler, mais je ne puis résister au plaisir de la voir.

HÉLÈNE, *en liant des fleurs à une guirlande.*

(*Pendant ce couplet, Colin détache adroitement une fleur du bout de la guirlande qui traîne à terre, et la met à son côté.*)

ARIETTE.

Amusez-vous, jeunes fillettes :
Mais songez qu'il est des dangers ;
Sur les gazons, sous les coudrettes,
N'allez point avec les bergers.
Ils ont l'air doux, simple et modeste ;
Mais c'est un piége que cela.
Sitôt qu'on les écoute, zeste,
Ta, la, la, la, l'Amour est là.

Je crois que je n'aurai pas assez de fleurs.

COLIN.

Elle n'en aura pas assez, courons en chercher.

(*Il sort pour en aller chercher; le prélude recommence ; Hélène continue d'achever sa guirlande.*)

SCÈNE II.

HÉLÈNE, LE RÉGISSEUR, *et ensuite* COLIN.

LE RÉGISSEUR.

Ah ! l'aimable enfant ! Qu'elle a de grâces ! qu'elle est charmante !... Si c'était une des trois....

HÉLÈNE.

(*Pendant ce second couplet, Colin revient avec une touffe de fleurs qu'il pose à côté d'Hélène, sans être vu ni d'elle, ni du Régisseur, et va se cacher derrière un taillis, pour observer.*)

>Lise dormait sur la fougère ;
>Blaise approchant d'un pas discret,
>Adroitement sa main légère
>Place des fleurs à son corset.
>A son réveil elle est surprise :
>Le bouquet charmant que voilà !
>Jetez ces fleurs, petite Lise ;
>Ta ; la, la, la, l'Amour est là.

LE RÉGISSEUR, *enchanté, et reprenant le refrein.*

>Ta, la, la, la, l'Amour est là.

HÉLÈNE, *apercevant les fleurs que Colin a posées sur le banc à côté d'elle.*

Ah ! qu'en voilà de belles ! Mais ce n'est pas moi qui les ai cueillies.

(*Elle se lève, les prend, et les jette. Elle aperçoit le Régisseur.*)

LE RÉGISSEUR.

Continuez, continuez donc ; je vous aiderai.

HÉLÈNE, *en remettant ses guirlandes dans son panier.*

Ah ! Monsieur, vous êtes trop obligeant.

LE RÉGISSEUR.

Vous me paraissez de bonne humeur ?

COMÉDIE.

HÉLÈNE.

Oh! oui, Monsieur; je ris, je danse et je chante toujours.

LE RÉGISSEUR.

Eh bien! courage; nous rirons, nous chanterons et nous danserons ensemble; allons.

Ta, la, la, la, l'Amour est là.

ARIETTE.

LE RÉGISSEUR.

Que la jeunesse
Me plaît, m'intéresse!
Quel enjouement, quelle simplicité!

HÉLÈNE.

Rien ne m'alarme,
Mon sort me charme,
Je jouis de ma liberté.
Sans qu'on offense la sagesse,
Le bonheur est dans la gaîté;
C'est le trésor de la jeunesse;
Oui, le bonheur n'est que dans la gaîté.

LE RÉGISSEUR, *à part.*

Qu'elle me plaît et m'intéresse!
Plus je la vois, plus je suis enchanté.

HÉLÈNE.

Je vous demande pardon, Monsieur; mais je ne vous connais pas.

LE RÉGISSEUR.

La connaissance sera bientôt faite, car je vous avertis que toutes les jolies filles sont de ma connaissance; je suis comme ça, moi; que ça ne vous effarouche pas.

HÉLÈNE.

Ah! point du tout.

LE RÉGISSEUR.

Pour qui faites-vous ces guirlandes?

HÉLÈNE.

Pour deux de mes bonnes amies qui prétendent au prix.

LE RÉGISSEUR.

Et vous y prétendez aussi sans doute?

HÉLÈNE.

Oh! je fais ce que je peux pour être sage; mais je ne prétends à rien.

LE RÉGISSEUR.

Comment vous n'êtes pas du nombre?...

HÉLÈNE, *apercevant Colin.*

(*A part.*) Ah! le voilà. Monsieur, je suis votre servante.

(*Elle part.*)

LE RÉGISSEUR.

Écoutez donc, écoutez donc.

COLIN, *sortant de sa cachette.*

Ah! c'est plus fort que moi, il faut que je lui parle.

(*Il veut courir après Hélène.*)

SCÈNE III.

COLIN, LE RÉGISSEUR.

LE RÉGISSEUR, *arrêtant Colin.*

Où vas-tu ? Où cours-tu ? Quelle est cette jeune fille ?

COLIN.

C'est elle, Monsieur le Régisseur, c'est elle.

LE RÉGISSEUR.

Qui, elle ? Qui ?

COLIN.

C'est Hélène, la fille de Madame Michel, Hélène qui sera Rosière.

LE RÉGISSEUR, *à part.*

Fort bien ! (*Haut.*) Eh ! tu l'aimes apparemment ?

COLIN.

De toute mon âme: je m'appelle Colin ; c'est moi qui doit l'épouser ; chut, il ne faut pas qu'on sache ça encore.

LE RÉGISSEUR.

Tu dois l'épouser ?

COLIN.

Oui, n'est-il pas vrai qu'elle est charmante ?

LE RÉGISSEUR.

Adorable! divine! Elle n'a fait que me regarder...
c'est à tourner la tête.

COLIN.

Je suis bien aise que vous soyez de mon goût.

LE RÉGISSEUR.

ARIETTE.

De sa douce paupière
Un regard échappé,
Est un trait de lumière
Dont le cœur est frappé.

COLIN.

Elle n'a qu'à paraître
Pour tout enflammer;
De soi l'on n'est plus maître.

ENSEMBLE.

Comment ne pas l'aimer?

COLIN.

La rosée est moins fraîche,
Un beau jour moins serein.

LE RÉGISSEUR.

C'est la fleur de la pêche
Qui colore son teint.

COLIN.

Le souffle du Zéphire
Vient tout ranimer;
C'est elle qui respire.

ENSEMBLE.

Comment ne pas l'aimer?

COMÉDIE.

COLIN.

La tendre fleur naissante....

LE RÉGISSEUR.

La fraise qui rougit....

COLIN.

L'épine blanchissante....

LE RÉGISSEUR.

L'api qui s'arrondit....

COLIN.

Tout ce que la nature
Se plaît à former,
D'Hélène est la peinture.

ENSEMBLE.

Comment ne pas l'aimer?

LE RÉGISSEUR.

Sa bouche demi-close,
A le rire enfantin :
On croit voir dans la rose
Les perles du matin.

COLIN.

Le printemps dont l'haleine
Vient tout parfumer....

ENSEMBLE.

COLIN. Telle est ma chère Hélène.
LE RÉGISS. Telle est la jeune Hélène.
Comment ne pas l'aimer?

LE RÉGISSEUR.

Eh! sans doute, tu es aimé de même?

COLIN.

Pas encore, mais ça viendra; sa mère me l'a promis; et puis j'ai la protection de Monsieur le Bailli; et puis vous parlerez pour moi à Hélène, n'est-ce pas?

LE RÉGISSEUR.

Oh! laisse faire, tes intérêts sont en bonnes mains.

COLIN.

Je n'ai pas encore osé lui parler, moi; on défend ici aux garçons de faire connaître leur amour aux filles. Ah! s'il m'était permis.... s'il m'était permis... Combien de choses j'aurais à dire à Hélène!

LE RÉGISSEUR.

Oh! je dirai, je dirai moi.

COLIN.

Que vous êtes bon! Je vais la chercher, vous l'envoyer; je lui dirai que c'est vous qui la demandez.

LE RÉGISSEUR.

Fort bien; va vite, cours; je l'attends. (*A part.*) Voilà ce qui s'appelle se confier au renard.

COLIN, *revenant.*

ARIETTE en *DUO.*

Vous direz à ma chère Hélène,
Toujours pour moi trop inhumaine...

COMÉDIE.

LE RÉGISSEUR.

Trop inhumaine !
Bon, bon, fort bien,
Tout ira bien.

COLIN.

Oui, vous direz à cette belle....

LE RÉGISSEUR.

Oui, je vais dire à cette belle....

COLIN.

Faut-il que vous soyez cruelle
Pour Colin qui vous aime tant ?

LE RÉGISSEUR.

Fort bien, fort bien, soyez cruelle
Pour Colin qui vous aime tant.

COLIN.

Faut-il que vous soyez cruelle !....

LE RÉGISSEUR.

Soyez cruelle

COLIN.

Eh ! non ! non !

LE RÉGISSEUR.

Cela s'entend.

COLIN.

Exprimez bien l'ardeur fidèle....

LE RÉGISSEUR.

J'exprimerai l'ardeur fidèle....

COLIN.

Que pour elle....

LE RÉGISSEUR.

Que pour elle....

COLIN.

Mon cœur ressent.

LE RÉGISSEUR.

Mon cœur ressent.

COLIN.

Le mien.

LE RÉGISSEUR.

Le tien, cela s'entend.

COLIN.

Exprimez-lui l'ardeur fidèle
Que pour elle mon cœur ressent.

LE RÉGISSEUR.

J'exprimerai l'ardeur fidèle
Que pour elle... Cela s'entend.

SCÈNE IV.

LE BAILLI, LE RÉGISSEUR.

LE RÉGISSEUR.

Ah! monsieur le bailli! vous me voyez dans une ivresse, un enchantement!....

LE BAILLI.

De quoi donc?

COMÉDIE.

LE RÉGISSEUR.

Je viens de voir la petite Hélène; elle est ravissante, ma foi : je m'en tiens à celle-ci ; il faut qu'elle ait le prix, monsieur le Bailli, il faut qu'elle ait le prix.

LE BAILLI.

Que dites-vous? Je suis homme intègre, et de plus il faut que mon jugement soit confirmé par tous les notables du village.

LE RÉGISSEUR.

Monsieur le Bailli, quand elle n'aurait qu'un *accessit*, là, qu'un pauvre petit *accessit*, parbleu! je l'épouse.

LE BAILLI.

Doucement! Je dois vous prévenir qu'elle est bien éveillée, et que vous pourriez vous repentir peut-être....

LE RÉGISSEUR.

Eh! non, non....

LE BAILLI.

Patience! Il faut voir la fille de madame Grignard.

LE RÉGISSEUR.

Madame Grignard?....

LE BAILLI.

Oui, la veuve du tabellion : c'est une franche Picarde, un dragon de vertu, qui m'est fort nécessaire pour distinguer la sagesse. Je ne sais comment elle fait, rien ne lui échappe; mais si elle est sévère pour les moindres fautes, elle est la première à rendre justice au mérite : son nom seul fait trembler toutes les filles du village et les contient dans le devoir. Jugez si sa fille doit être sage !

LE RÉGISSEUR.

Si sa fille lui ressemble, vous me faites trembler aussi; une *honesta* est pire qu'une coquette.

LE BAILLI.

Tenez, tenez, voici madame Grignard avec sa fille Thérèse.

SCÈNE V.

LE BAILLI, LE RÉGISSEUR, Mad. GRIGNARD, THÉRÈSE.

Mad. GRIGNARD.

Monsieur le Bailli (*Elle fait une grande révérence avec Thérèse.*) (*Au Régisseur.*) Monsieur.... (*Elle fait une autre révérence au Régisseur, et sa fille n'en fait qu'une demie.*) (*A sa fille.*) Faites donc la révérence plus bas. (*Au Régisseur.*) J'ai l'honneur de vous présenter...... (*Elle fait une troisième révérence.*)

COMÉDIE.

LE RÉGISSEUR.

Elle est encore bien jolie celle-ci ; mais il me paraît qu'elle a du chagrin.

Mad. GRIGNARD.

Elle n'en a point sujet. Répondez donc.

THÉRÈSE.

Monsieur, je fais tout mon possible pour n'en point avoir.

Mad. GRIGNARD, *pinçant sourdement le bras de Thérèse.*

Que dites-vous donc là ?

THÉRÈSE.

Ahi ! ahi ! ahi !

Mad. GRIGNARD.

Soyez gaie, petite fille.

THÉRÈSE, *en pleurant.*

Oui, ma mère....

LE BAILLI.

Doucement ! doucement !

LE RÉGISSEUR.

Elle paraît raisonnable.

Mad. GRIGNARD.

Elle n'aurait qu'à ne pas l'être. Je me donne assez de peine après elle.

ARIETTE.

Pour empêcher tout délit.
Notre fenêtre est grillée;
Je suis toujours éveillée :
Ma fille couche en mon lit.
Je ne veux pas qu'elle sorte;
Je l'observe jour et nuit.
Un gros chien est à ma porte;
Aboyant au moindre bruit.
La serrure est sûre et forte;
J'en ai la clé : la voilà.
En agissant de la sorte,
D'une fille on répondra.
Moi-même, étant à son âge,
Avec moins de liberté,
Je sais bien, pour être sage,
Tout ce qui m'en a coûté.

SCÈNE VI.

Mad. GRIGNARD, THÉRÈSE, LE BAILLI, LE RÉGISSEUR, COLIN ET HÉLÈNE.

COLIN, *accourant*.

Elle va venir, elle va venir : dès qu'elle m'a vu, elle a fui comme à son ordinaire; mais elle a pris un autre chemin qui la conduit ici.

Mad. GRIGNARD.

Qu'est-ce donc qu'il veut dire?

HÉLÈNE, *sans être vue.*

ARIETTE.

J'aime à vous entendre chanter,
Petits oiseaux de ces bocages.

COLIN.

La voilà ! la voilà ! vous pouvez l'écouter.

TOUS.

Que vient-il nous conter ?
Que vient-il nous conter ?

LT RÉGISSEUR.

Je me sens agiter.

HÉLÈNE.

Je voudrais imiter
Vos doux accens et vos ramages.

COLIN.

La voilà ! la voilà ! vous pouvez l'écouter.

Mad. GRIGNARD.

Que veut-il nous conter ?

LE RÉGISSEUR.

Je me sens agiter.

HÉLÈNE.

Je voudrais imiter
Vos doux accens et vos ramages.

(*Hélène paraît en achevant de chanter. Elle a une corbeille suspendue à son côté ; dans cette corbeille sont deux guirlandes.*)

SCÈNE VII.

LES ACTEURS PRÉCÉDENS, HÉLÈNE.

HÉLÈNE.

Bonjour, monsieur le Bailli; voilà des guirlandes que j'ai faites pour parer tantôt Thérèse et Nicole, mes deux bonnes amies.

LE BAILLI.

C'est fort bien.

LE RÉGISSEUR.

La chère petite! Vous n'en êtes donc point jalouse?

HÉLÈNE.

Point du tout; et si elles sont plus sages que moi, tant mieux, cela fera plus d'honneur au village.

COLIN, *à part*.

Oui, c'est le cœur le plus honnête....

LE RÉGISSEUR.

Ah! monsieur le Bailli....

LE BAILLI.

De la reflexion.

HÉLÈNE, *à Thérèse, en lui présentant la guirlande.*
Tiens, ma chère amie.

COMÉDIE.

THÉRÈSE.

Voulez-vous, ma mère?

Mad. GRIGNARD.

A quoi cela sert-il?

LE BAILLI, à Thérèse.

Prenez, prenez.

Mad. GRIGNARD.

Eh bien, soit. Hon!..... vous ne vous serez pas oubliée, vous avez aussi cueilli des fleurs pour vous; car....

COLIN, *en s'approchant.*

Hélène n'a pas besoin de parure.

HÉLÈNE.

Le voilà encore! Je le verrai donc partout! Monsieur le Bailli, défendez-lui absolument de me suivre.

(*Elle sort.*)

LE BAILLI, à *Colin.*

Si cela t'arrive....

COLIN, *tout étonné.*

Mais, monsieur le Bailli.... monsieur le Régisseur....

LE RÉGISSEUR,

Un autre lui est destiné.

COLIN.

Ah! Ciel!

LE BAILLI.

Nous te défendons de la voir.

LE RÉGISSEUR.

Et de l'aimer.

COLIN, *avec vivacité.*

ARIETTE.

Vous voulez m'empêcher d'aimer!
Sur mon cœur quel est votre empire?
Défendez aux grains de germer,
Empêchez le Soleil de luire;
Des ruisseaux arrêtez le cours,
Et vous aurez moins de peine
Qu'à m'empêcher d'aimer Hélène;
Je l'aimerai toujours.

LE RÉGISSEUR ET LE BAILLI.

Finis tes discours,
Renonce à tes amours.

(*Colin se retire désespéré.*)

LE RÉGISSEUR.

Ce jeune drôle me paraît bien décidé.

LE BAILLI.

Ne vous inquiétez pas; il ne vous nuira point, j'y vais mettre bon ordre. Holà! (*à un Sergent.*) Que Colin soit aux arrêts dans sa maison, et qu'on le garde à vue jusqu'à demain.

SCÈNE VIII.

LE BAILLI, LE RÉGISSEUR, Madame GRIGNARD.

Mad. GRIGNARD.

Vous croyez qu'Hélène le fuit tout de bon. Je n'en suis pas la dupe.

LE BAILLI.

Il faut nous instruire de tout : c'est votre emploi, c'est votre devoir.

Mad. GRIGNARD.

Eh bien! j'ai déjà plusieurs notes à vous remettre.

LE BAILLI.

Suivez-moi, j'ai de mon côté une affaire importante à vous communiquer.

Mad. GRIGNARD.

Venez, ma fille.

LE BAILLI.

Non, il faut que Monsieur l'interroge en particulier, c'est la règle. (*Bas au Régisseur.*) Je vais lui parler à votre sujet.

LE RÉGISSEUR.

Attendez, attendez, rien ne presse encore.

(*Madame Grignard sort en faisant signe à Thérèse de s'observer, et d'un air de menace.*)

SCÈNE IX.

LE RÉGISSEUR, THÉRÈSE, THOMAS
dans le fond du Théâtre.

LE RÉGISSEUR, *à part.*

Hélène ! Hélène ! ah ! ce serait bien dommage....

THOMAS.

La mère est partie : si je pouvais trouver le moyen de parler à ma chere Thérèse !

LE RÉGISSEUR.

Eh bien, Thérèse ?

THÉRÈSE, *apercevant Thomas.*

Ah !

LE RÉGISSEUR.

Qu'avez-vous ?

THÉRÈSE.

Rien, Monsieur ; c'est que je soupire.

LE RÉGISSEUR.

Ouvrez-moi votre petit cœur. Pourquoi êtes-vous donc si triste ?

THÉRÈSE.

Hélas ! Monsieur, ne faut-il pas être triste, quand on veut être sage ?

COMÉDIE.

LE RÉGISSEUR.

Je trouve qu'elle a raison. Voilà de la franchise, c'est ce que j'aime. Oui, je conçois que votre mère vous gêne beaucoup : elle est un peu revêche, la bonne femme. Il y a long-temps qu'elle est sage, n'est-ce pas ?

THÉRÈSE.

C'est ce qu'elle me dit tous les jours.

LE RÉGISSEUR.

La sagesse est aimable et douce à votre âge; mais avec le temps elle s'aigrit.

THOMAS.

Ce diable d'homme ne s'en ira pas.

THÉRÈSE.

ARIETTE.

Ma mère me gronde sans cesse;
Elle défend jusqu'au désir:
C'est un honneur que la sagesse,
Pourquoi n'en pas faire un plaisir ?
Lorsque je cueille une anémone
Pour parer ma tête ou mon sein,
Elle croit que c'est à dessein:
Cela ne fait tort à personne.

LE RÉGISSEUR.

Non vraiment; mais on ne se pare pas pour rien.

THOMAS.

Monsieur le Régisseur, monsieur le Bailli vous demande; c'est bien pressé, allez, allez vîte.

LE RÉGISSEUR.

Où ?

THOMAS.

Ici près ; non, non, chez lui au bout du village.

LE RÉGISSEUR.

Pour quel sujet ?

THOMAS.

C'est au sujet...

LE RÉGISSEUR.

D'Hélène ?

THOMAS.

Justement, d'Hélène ; dépêchez-vous.

LE RÉGISSEUR.

J'y cours, conduis-moi.

THOMAS.

Oh ! j'ai bien d'autres commissions à faire.

LE RÉGISSEUR, à *Thérèse*.

Allez rejoindre votre mère, nous nous reverrons.

(*Il sort.*)

SCÈNE X.

THOMAS, THÉRÈSE.

THOMAS.

Je respire !.... Ah ! Thérèse !

THÉRÈSE.

Que voulez-vous, Thomas ? Laissez-moi.

THOMAS.

Arrêtez....

THÉRÈSE.

Si ma mère....

THOMAS.

Un moment.

THÉRÈSE.

Non.

THOMAS.

Si vous ne voulez pas que je meure....

THÉRÈSE.

Je n'entends rien.

THOMAS.

Prenez du moins ce gage de ma foi. (*En s'en allant.*) Je me recommande à vous, je me recommande à vous.

THÉRÈSE.

Je suis toute saisie. Que m'a-t-il donné là ? je n'ai pas eu le temps de refuser... Mon trouble... mon embarras... Voyons ce qu'il m'écrit.

« Chère amie, le Bailli a refusé de m'inscrire : je
« viens d'apprendre que j'ai un rival; mais je ne
« crains rien dès que vous serez Rosière; ne vous
« contraignez plus, vous serez maîtresse de choisir
« entre nous ; et si vous avez pour moi de la préfé-
« rence, mettez à votre côté cette rosette : ce sera
« signe que je pourrai me présenter pour vous ob-
« tenir malgré tout ce qu'on pourra faire ; sinon je
« ne songerai plus qu'à me désespérer. »

THÉRÈSE.

Qu'à se désespérer !.. Malgré son amitié pour moi, je ne ferai rien contre la volonté de ma mère. Relisons la lettre.

SCÈNE XI.

Madame GRIGNARD, THÉRÈSE.

Mad. GRIGNARD.

Qu'avez-vous là? Un ruban! Une lettre!

THÉRÈSE, à part.

Je suis perdue!

Mad. GRIGNARD.

Voyons.

THÉRÈSE, pendant que Madame Grignard lit tout bas la lettre.

Que lui dirai-je? Après tout, ce n'est pas ma faute; je n'y suis pour rien. Il vaut mieux avouer à ma mère...

Mad. GRIGNARD.

(Elle lit.) « Mettez à votre côté cette rosette. » Ce n'est pas pour vous cette lettre?

THÉRÈSE, tremblante.

Ma mère....

Mad. GRIGNARD.

Si je le savais, je vous étranglerais sur le champ.

THÉRÈSE.

Ma mère, je vous dirai franchement que j'ai trouvé ici tout-à-l'heure....

Mad. GRIGNARD.

Ah! ah! vous avez trouvé...

THÉRÈSE.

Oui.

Mad. GRIGNARD.

Ici?

THÉRÈSE.

Oui.

Mad. GRIGNARD.

Ce ruban, cette lettre? C'est différent; car, si c'était autrement, je t'assommerais, je t'écraserais.

THÉRÈSE.

Je vous demande pardon, ma mère; mais...

Mad. GRIGNARD.

Ce billet ne peut pas être pour Nicole; elle est si bête! Cela ne sait seulement pas lire. Il ne peut pas être pour vous, car j'ai trop bien pris mes précautions. (*à part.*) Selon les apparences, il est de Colin pour la petite Hélène : il l'aura laissé tomber; ma fille l'a trouvé. Oui, c'est cela. (*A Thérèse.*) Ecoutez : donnez cette rosette à Hélène, puisqu'elle lui est destinée; mais donnez-la comme de vous-même, sans explication.

THÉRÈSE.

Ma mère, cela ne fera-t-il point de tort à ma bonne amie?

Mad. GRIGNARD.

Vous raisonnez! Suis-je capable de faire tort à

personne? mais je veux savoir la vérité. Si Hélène est innocente, je prendrai sa défense; et, si vous étiez coupable... Je crois que vous haussez les épaules !

DUO.

Mad. GRIGNARD.	THÉRÈSE.
Vous êtes bien téméraire :	
Il faut vous taire,	Hélas! je ne sais que faire.
Me satisfaire :	
Craignez ma colère;	Comment faire ?
Ne raisonnez pas,	
Ne raisonnez pas.	Quel embarras !
Impertinente,	
Insolente,	
Impudente,	Ah, ah, ah, ah, ah !
Vous ferez ce qu'il me plaira.	Je ferai ce qu'on voudra.

SCÈNE XII.

Madame GRIGNARD, THÉRÈSE, Madame MICHEL, ET DEUX AUTRES VOISINES, *qui accourent aux cris de Thérèse.*

QUINQUE.

PREMIÈRE VOISINE.

Quoi! toujours contre elle en colère !
Qu'est-ce donc qu'elle vous fait ?

Mad. GRIGNARD.

Ce n'est point-là votre affaire,
Et j'agis comme il me plaît.

LA ROSIÈRE DE SALENCI,

SECONDE VOISINE.

Mais elle est obéissante.

PREMIÈRE VOISINE.

Elle est douce, prévenante.

Mad. MICHEL.

Sage, sage ; mais il faut la prendre
Par douceur.

TRIO.

Ière VOISINE.	IIe VOISINE.	Mad. MICHEL.
Et la reprendre	Et la reprendre	Et la reprendre
Sans humeur, *etc.*	Sans humeur, *etc.*	Sans humeur ;
		La reprendre
		Sans esclandre,
(*Elles disent toutes deux la même chose.*)		Sans aigreur.
		Qui se fait craindre
		Doit craindre aussi ;
		Qui se fait craindre,
		Engage à feindre ;
		Oui, songez-y.

Mad. MICHEL et les deux VOISINES.	Mad. GRIGNARD.	THÉRÈSE.
Qui se fait craindre,	Qui se fait craindre,	Je suis à plaindre,
Qui veut contraindre,	N'a rien à craindre,	Je suis à plaindre ;
A tout à craindre :	N'a rien à craindre ;	Mais dois-je feindre ?
Je vous le dis,	Et je me ris	Je ne le puis,
C'est mon avis ;	De vos avis.	Je ne le puis.
Oui, oui, je vous en avertis ;	Oui, oui, (*à Thérèse.*) Rentrez au logis. (*aux Voisines.*)	Non, non, je pleure, je pleure.
C'est mon avis,	Oui, je me ris	Je gémis :
Je vous le dis,	De vos avis,	Mais j'obéis ;
C'est mon avis.	De vos avis.	Oui, j'obéis.

(*Les Voisines veulent suivre Madame Grignard ;
celle-ci leur ferme la porte au nez.*)

FIN DU SECOND ACTE.

ACTE III.

SCÈNE PREMIÈRE.

Madame GRIGNARD, THÉRÈSE.

Mad. GRIGNARD.

Oui, vous ferez ma volonté; ou....ce n'est pas que je prétende que vous soyez Rosière au préjudice d'une autre; mais j'ai mes raisons. Remettez cette rosette à Hélène, comme je vous l'ai dit; si je ne la lui vois pas, je m'en prendrai à vous. (*à part.*) Allons trouver le Régisseur.

(*Elle sort.*)

SCÈNE II.

THÉRÈSE, *seule*.

Quel triste état! vingt fois j'ai été sur le point de me jeter aux pieds de ma mère pour lui découvrir.... mais sa colère est si terrible!.... Si je me tais, Hélène

sera soupçonnée ; si je parle, je vais nuire à Thomas ;
il sera chassé du village : à quoi me résoudre ?

ARIETTE.

Comment obéir à ma mère ?
Je dois feindre ; je suis sincère,
Et mon cœur n'est pas sans pitié :
Pourrai-je trahir l'amitié,
Cette amitié qui m'est si chère ?
Comment obéir à ma mère ?
Peut-être encor....je dois m'en alarmer :
Peut-être encor....j'ai tout à craindre,
Si je ne sais pas me contraindre.
Ah ! s'il m'était permis d'aimer,
Thomas n'aurait pas à se plaindre.
Non, non, Thomas n'aurait pas à se plaindre,
S'il m'était permis d'aimer.
Il faut obéir à ma mère,
Je dois feindre ; je suis sincère,
Et mon cœur n'est pas sans pitié.
Pourrai-je trahir l'amitié,
Plus encor ?....Tout me désespère.
Comment obéir à ma mère ?

SCÈNE III.

HÉLÈNE, THÉRÈSE.

HÉLÈNE, *sortant de la maison.*

Ah ! c'est toi, ma bonne amie ? que t'est-il arrivé, tu pleures ?

THÉRÈSE.

J'en ai sujet.

HÉLÈNE.

Ah ! ne pleure donc pas ; tu me ferais pleurer aussi, et je n'aime point à pleurer moi. Qu'est-ce que tu as ?

(*Hélène tire son mouchoir, essuie les yeux de Thérèse et l'embrasse.*)

THÉRÈSE.

C'est que ma mère m'a grondée ; elle gronde toujours : c'est sa coutume.

HÉLÈNE.

Là, là, ne t'afflige pas ; c'est ta mère, et tu dois lui obéir en tout.

THÉRÈSE.

En tout ; mais elle me commande des choses.....

HÉLÈNE.

Ce n'est pas à toi à examiner si elle a raison

si elle a tort; et je ne t'estimerais point, si tu n'obéissais pas à ta mère.

THÉRÈSE, à part.

Non, je ne pourrai jamais m'y résoudre. (*Haut.*) Tiens, si je n'étais pas naturellement sage, il y a de certains momens, je crois, où elle me ferait haïr la sagesse.

HÉLÈNE.

Ah! que dis-tu là?

THÉRÈSE.

Tu es bien heureuse, toi; ta mère ne te défend rien.

HÉLÈNE.

Non; mais si je savais quelque chose qui lui déplût, oh! tout de suite, tout de suite......

THÉRÈSE.

Tu ne pourrais pas tenir avec la mienne.

HÉLÈNE.

En quoi est-elle donc si ridicule?

THÉRÈSE.

Eh bien! tiens, par exemple, il y a quelques jours, (c'était un Dimanche) elle me fait marcher devant elle, mon livre sous le bras. — Baissez votre coëffe, petite fille. — Oui, ma mère. Tout en la baissant, je rencontrai les regards d'un jeune garçon qui me fixait.... mais d'un air.... tiens, j'en fus si émue que je laissai tomber mon livre sans m'en apercevoir.

COMÉDIE.

HÉLÈNE.

Oh, oh!

THÉRÈSE.

Tout de suite il le ramasse, me le présente. — Mademoiselle, n'est-ce pas à vous?... — Oui, Monsieur, je vous remercie. — Bien obligé, bien obligé, Monsieur, lui dit ma mère. Et puis à moi, pif, paf, deux soufflets : — Voilà, Mademoiselle, pour vous apprendre à laisser tomber votre livre.

HÉLÈNE, *gaîment*.

Ne pense plus à tout cela, et partage la joie qui anime aujourd'hui tout le village.

Air : *Lorsque les filles du village.*

De cette fête
Qu'on apprête,
Thérèse doit avoir l'honneur;
Dans cette attente,
Sois contente;
Ce jour assure ton bonheur.
Déjà les cœurs, d'intelligence,
Couronnent la sagesse en toi :
Tu mérites la préférence.

THÉRÈSE.

Non, non, le prix n'est pas pour moi.

ENSEMBLE.

Tu mérites la préférence.
Non, non, le prix n'est pas pour moi.

LA ROSIÈRE DE SALENCI,

THÉRÈSE.

Même air.

Ta gaîté pure
Te rassure;
Ton cœur ne saurait s'engager.

HÉLÈNE.

Mais un rien blesse
Ta sagesse;
Tu crains jusqu'au moindre danger.

THÉRÈSE.

Hélène, ah! quelle différence!
Je dois prendre exemple sur toi.

ENSEMBLE.

Tu mérites la préférence :
Non, non, le prix n'est pas pour moi.

SCÈNE IV.

Madame GRIGNARD, THÉRÈSE, HÉLÈNE.

Mad. GRIGNARD, *passant derrière Thérèse.*

Hem! hem!

THÉRÈSE, *voyant sa mère.*

(*A part.*) Non, je ne me sens pas capable...

HÉLÈNE.

Qu'est-ce qui t'occupe? Que regardes-tu?

COMÉDIE.

THÉRÈSE.

Ah! cette rosette... ma mère ne veut pas que je la porte; c'est pour cela qu'elle m'a grondée.

HÉLÈNE.

Eh bien! ne la porte pas. Quelle enfance! donne, donne-la-moi; je la porterai pour l'amour de toi.

(*Hélène arrache la rosette.*)

THÉRÈSE, *bas à Hélène.*

Arrête, ma bonne amie; il faut que je te dise... Arrête... J'aime mieux m'exposer à toute sa colère.

(*Elle veut lui reprendre la rosette.*)

Mad. GRIGNARD.

A quoi vous amusez-vous là, petite fille? Allons, rentrez, rentrez devant moi.

(*Elle enferme Thérèse dans sa maison, et va trouver le Régisseur, qui paraît au fond du Théâtre.*)

SCÈNE V.

Mad. GRIGNARD, HÉLÈNE, LE RÉGISSEUR.

HÉLÈNE, *à part.*

La pauvre enfant! que je la plains! La gronder pour si peu de chose!

Mad. GRIGNARD, *au Régisseur, dans le fond du théâtre.*

Monsieur le Régisseur, la lettre que je vous ai fait lire est peut-être une étourderie de Colin ; mais la rosette que vous voyez à Hélène pourra servir à nous faire connaître si effectivement elle est d'intelligence : examinez-la, sans lui rien dire encore de tout ceci.

LE RÉGISSEUR.

Laissez-moi faire ; je vais l'examiner très-sévèrement. (*A part.*) Serait-il possible !

SCÈNE VI.

LE RÉGISSEUR, HÉLÈNE.

LE RÉGISSEUR*.

Hélène, c'est vous que je cherche.

HÉLÈNE.

Ah ! monsieur le Régisseur !

LE RÉGISSEUR.

Comment va la gaîté ?

---

* Dans cette scène, le régisseur se propose d'interroger Hélène avec la plus grande sévérité ; mais il se livre, malgré lui, de temps en temps, à son caractère, et finit par être enthousiasmé d'Hélène.

COMÉDIE.

HÉLÈNE, *gaîment.*

Oh! toujours de même. Monsieur, je n'ai aucun souci; ma mère me laisse faire tout ce que je veux.

LE RÉGISSEUR, *à part.*

Elle est charmante. (*Haut.*) Mais cette gaîté-là peut vous mener loin. Les amans sont gais aussi, et l'innocence de votre âge empêche de voir des dangers....

HÉLÈNE.

Des dangers! Bon!..... je les connais tous.

LE RÉGISSEUR.

Comment?

HÉLÈNE.

Ma mère m'a instruite de tout, m'a tout dit, le bien, le mal.

LE RÉGISSEUR.

Vous me surprenez.

HÉLÈNE.

Oui, le bien, pour le suivre; et le mal, pour l'éviter.

LE RÉGISSEUR, *à part.*

Ma foi, en deux mots, voilà toute l'éducation. (*Haut.*) Mais, ma chère enfant, on peut s'y méprendre.

HÉLÈNE.

Jamais, jamais.

ARIETTE.

On nous donne des leçons
Qu'il est bon de suivre ;
Mais faut-il tant de façons,
Quand on sait bien vivre ?
L'honneur a plus de pouvoir
Que tout ce qu'on peut savoir.
Pour apprendre mon devoir,
Mon cœur est mon livre.

LE RÉGISSEUR.

Hem ! le cœur d'une jeune fille est un livre où il y a souvent bien des fautes à corriger. Hélène, Hélène, on m'a dit bien des choses de vous.

HÉLÈNE, *riant*.

Bon ! Monsieur, contez-moi donc ça.

LE RÉGISSEUR.

Oui, jolie comme vous êtes, vous devez avoir bien des amoureux.

HÉLÈNE.

Ah ! cela se peut, je n'en sais rien.

LE RÉGISSEUR.

Vous savez du moins que Colin....

HÉLÈNE.

Colin ?....

LE RÉGISSEUR.

Il vous aime, il me l'a dit, et tout le monde le sait ; mais c'est fort naturel. J'en juge par moi-même. Ah ! petite mignonne !

ARIETTE.

Est-on de glace,
Quand on est vif, jeune et badin ?
L'Amour pourchasse,
L'Amour est fin.
Le tendre Colin
Me paraît malin ;
Et moi-même, à sa place,
Voyant tant d'attraits,
Malgré moi j'aurais
De l'audace.

Est-on de glace, etc.

HÉLÈNE.

Oh! je vous prie, Monsieur, de ne me point parler de Colin ; il n'y a que lui au monde qui me fasse de la peine.

LE RÉGISSEUR.

Avez-vous quelque chose à lui reprocher ?

HÉLÈNE.

Oh! non, Monsieur, chacun vous en dira du bien.

LE RÉGISSEUR.

Vous aurait-il manqué d'égards, de respect ?

HÉLÈNE, *fièrement, et ensuite avec une vivacité qui s'augmente de plus en plus.*

De respect ! Il me connaît, Monsieur ; et quoique Colin ne soit qu'un paysan, il a des sentimens. C'est mon père qui l'a élevé comme son propre fils, comme moi-même ; et il n'y a peut-être pas un garçon dans le village qui ait autant d'honneur, de probité....

LE RÉGISSEUR, *ironiquement.*

Et vous le haïssez ?

HÉLÈNE, *avec émotion.*

Oh! tant qu'il m'est possible : je ne saurais entendre parler de lui tranquillement.

LE RÉGISSEUR.

Cependant on vous soupçonne, et madame Grignard....

HÉLÈNE, *reprenant sa gaîté.*

Je ne crains rien.

LE RÉGISSEUR, *à part.*

Cette noble assurance paraît la justifier. (*Haut.*) Il est vrai que dans ce village on est si difficile.... Le moindre désir, la moindre faiblesse.... Qu'est-ce que c'est que tout cela ? Est-ce qu'il ne faut pas passer quelque chose aux jeunes filles ? Que diable ! on n'est pas chez des Turcs. Allons, allons, jetez cette rosette ; elle vous perdrait, ce serait la preuve de votre intelligence avec Colin.

HÉLÈNE.

Ciel ! que dites-vous ?

LE RÉGISSEUR.

Il se flatte de vous obtenir par ce moyen. J'ai vu sa lettre ; nous savons tout ; cette rosette vient de lui.

HÉLÈNE.

Il aurait osé!.... Mais elle vient de Thérèse.

LE RÉGISSEUR.

N'importe, n'importe; cette diablesse de madame Grignard pourrait bien aussi avoir machiné quelque chose.... Là, en conscience, vous n'aimez donc pas Colin?

HÉLÈNE.

Je n'aimerai jamais personne sans l'aveu de ma mère.

LE RÉGISSEUR.

Ah! vous me ravissez. Soyez donc tranquille. Vous êtes débarrassée des importunités de ce Colin; il est aux arrêts chez lui jusqu'à demain, une sentinelle à sa porte.

HÉLÈNE.

Aux arrêts!

LE RÉGISSEUR.

Je vois que cela vous fait plaisir.

HÉLÈNE.

Ah! oui, on a bien fait.

LE RÉGISSEUR.

Je vous prends sous ma protection : nous ferons taire tous les caquets; et que vous soyez Rosière ou non, je vous épouse.

HÉLÈNE.

Vous, Monsieur?

LE RÉGISSEUR.

Oui, par ma foi.

HÉLÈNE.

Ma mère....

LE RÉGISSEUR.

Y consent, cher trésor, petit Amour.

HÉLÈNE.

Et monsieur le Bailli....

LE RÉGISSEUR.

Le Bailli!.... Vous m'avez fait peur. Oui, oui, tout est arrangé.

HÉLÈNE, *se laissant tomber sur le banc.*

Monsieur, excusez....

LE RÉGISSEUR.

Elle y est sensible.

ARIETTE.

Tous deux joyeux,
Si l'hymen nous assemble,
Nous aurons ensemble
Des jours délicieux.
L'amour heureux
Viendra dans le ménage,
Fier de son ouvrage,
Jouer entre nous deux :
L'innocence et la beauté,
La décence et la gaîté,
Feront ma félicité.

Quand la sagesse
Rit et caresse,
Elle intéresse :

COMÉDIE.

    Le ciel avare
    D'un bien si rare,
    Me le prépare
    Dans votre cœur.
Je ne sais rien de si rude,
De si triste qu'une prude,
Toujours sage par étude ;
    Mais la sagesse
    Qui nous caresse,
    Nous intéresse
    Par sa douceur.
    Le ciel avare
    De ce bonheur,
    Me le prépare
    Dans votre cœur.

                  (*Il sort.*)

SCÈNE VII.

HÉLÈNE, *seule.*

Je n'en reviens point ! Tout est arrangé.... Ma mère consent.... Cette rosette est de Colin.... Il serait capable.... Et j'aimerais Colin !

SCÈNE VIII.

HÉLÈNE, COLIN.

COLIN, *sur le haut du mur qui est au fond du théâtre.*

Mon malheur est confirmé : je ne serai point témoin du bonheur d'un rival.

HÉLÈNE.

Que vois-je ! il va se blesser.

COLIN, *s'élance du mur sur l'arbre, et se laisse glisser jusqu'en bas.*

Je quitte le pays.

HÉLÈNE.

Je veux le confondre.

COLIN.

Je l'aperçois : je ne puis plus soutenir sa vue.

HÉLÈNE.

Arrêtez, Colin.

COLIN.

Vous m'appelez ! Ah ! chère Hélène, vous cessez de me fuir !

HÉLÈNE.

Oui, le plus méchant de tous les hommes ; oui, c'est moi qui vous appelle : justifiez-vous, si vous le pouvez, du tort que vous me faites.

COLIN.

Du tort que je vous fais !

HÉLÈNE.

Écoutez-moi : oui, c'est pour la dernière fois que je vous parle; oui, justifiez-vous du tort que vous me faites, si vous êtes encore honnête garçon.

COLIN.

En quoi suis-je coupable ?

HÉLÈNE.

En quoi ? Pouvez-vous l'ignorer ?

COLIN.

Oui, daignez me l'apprendre.

HÉLÈNE.

Eh bien !.... (*A part.*) Je n'ai pas la force de m'expliquer.

COLIN.

Achevez, et soyez sûre....

HÉLÈNE.

Eh bien ! j'étais tranquille; je me livrais à la gaîté, je partageais les plaisirs innocens de mes compagnes....

COLIN.

Qui vous empêche de jouir encore ?....

HÉLÈNE.

Votre présence que je ne puis supporter : vous me causez un trouble.... mille inquiétudes.... On a remarqué vos empressemens pour moi, on me soupçonne.... ô ciel! on me soupçonne de les approuver!

COLIN.

Quoi! les soins les plus respectueux!....

HÉLÈNE.

Ne peuvent m'en imposer. Vous avez formé le projet le plus offensant.... vous avez employé un détour injurieux : vous m'avez cru capable d'être sensible.

COLIN.

Hélène, je vous jure....

HÉLÈNE.

Non, perfide, non; vous m'aimez.

ROMANCE.

Eh! pourquoi me suivre sans cesse?
Quels vœux oserais-tu former?
Renonce au désir qui te presse :
Veux-tu m'obliger à t'aimer?
Tu fais mon tourment et ma gêne,
Faut-il t'assurer de ma haine?
Eh bien! *Colin*....; oui, je te hais,
Oui, je te hais;
Oui, ne nous revoyons jamais.

De mes pieds tu cherches les traces*,
Mesurant ton pas sur le mien;
Je quitte un gazon, tu t'y places,
Tu caresses toujours mon chien.

---

* Hélène doit dire ces couplets avec vivacité, et avec une espèce de colère, à travers laquelle on voit éclater l'amour qu'elle s'efforce de cacher.

Si je dis une chansonnette,
Tu la reprends sur ta musette.
Colin, Colin.... oui, je te hais,
  Oui, je te hais ;
Ah! ne nous revoyons jamais.

J'ai vu sur l'écorce d'un charme
Mon nom écrit en lacs d'amour ;
Est-ce à tort que je m'en alarme ?
Je le vois encor chaque jour :
Il s'accroît, tant plus je l'efface ;
Car trop profonde en est la trace.
C'est toi, Colin.... Que je te hais !
  Oui, je te hais :
Ah! ne nous revoyons jamais.

COLIN.

Modérez ce courroux extrême ;
Qu'avez-vous à me reprocher ?
Vous ai-je dit que je vous aime ?
Non, j'ai bien su m'en empêcher.
Pour moi quel effort! quelle gêne!
Hélas! d'où vient donc tant de haine ?
  Je vous déplais.
  Oui, je m'en vais,
  Oui, je m'en vais ;
On ne me reverra jamais.

DUO.

HÉLÈNE.	COLIN.
Que je te hais!	Oui, je m'en vais.
Ne nous revoyons jamais.	Ah! ne nous revoyons jamais ;
Jamais.	On ne me reverra jamais.

COLIN.

Vous le voulez, vous serez satisfaite. Je vois que je ne suis pas digne de vous ; je sais que quelqu'un plus heureux doit vous obtenir.

HÉLÈNE.

Eh! sans doute, c'est la volonté de ma mère, de monsieur le Bailli; et monsieur le Régisseur....

COLIN.

Un moment, de grâce....

HÉLÈNE.

Ah ciel! qu'exigez-vous encore?

COLIN.

Hélène, vous venez de m'offenser par des soupçons.... Je ne me sens coupable de rien en vérité, non, en vérité; et je ne vous quitte point que vous ne m'ayez dit les torts....

HÉLÈNE.

Non, non, point d'explication; j'aime mieux tout pardonner.

COLIN.

Laissez-moi vous convaincre.... Je veux du moins avoir votre estime.... C'est la dernière grâce; je vous la demande à genoux.

HÉLÈNE.

Arrêtez : c'est mettre le comble....

COLIN.

Eh bien! oui, oui, j'ai tort. Soyez heureuse; mais que je ne parte point avec votre haine.

COMÉDIE.

DUO.

COLIN.	HÉLÈNE.
Ayez pitié, prenez pitié de moi.	Ayez pitié, prenez pitié de moi.
Pourquoi, pourquoi tant de rigueur ?	Pourquoi, pourquoi, par votre ardeur,
Pourquoi, pourquoi,	Pourquoi, pourquoi ?....
Me priver de sa vue ?	Otez-vous de ma vue ;
Que mon ame est émue !	Je me sens toute émue,
Oui, je le doi ;	Quand je vous voi.
Vos désirs sont ma loi.	Je ne sais pas pourquoi
Cessez votre rigueur.	Vous faites mon malheur.
Ayez pitié, prenez pitié de moi.	Ayez pitié, prenez pitié de moi.
Je ne sais pas pourquoi	Je sens, quand je vous voi,
Je fais votre malheur.	Renaître ma douleur.
Cessez, cessez d'affliger mon cœur.	Cessez, cessez d'agiter mon cœur.
Vos désirs sont ma loi.	
Je ne sais pas en quoi	Je ne sais pas pourquoi
Je fais votre malheur.	Vous faites mon malheur.
Ayez pitié, prenez pitié de moi.	Ayez pitié, prenez pitié de moi.
Je sens, quand je la voi,	Je sens, quand je vous voi,
Renaître mon ardeur.	Renaître ma douleur.
Cessez, cessez d'affliger mon cœur.	Cessez, cessez d'agiter mon cœur.
Je vais vous obéir,	Ne troublez point ma vie ;
Je vais vous obéir.	C'est toute mon envie.
Moi vous faire souffrir !	Vous me faites souffrir,
Moi vous faire souffrir !	Vous me faites souffrir :
Je vais vous obéir ;	Que je dois vous haïr ?
C'est à moi de mourir.	Vous me ferez mourir.
	Ah ! vous me ferez mourir.
Moi vous faire souffrir !	Hâtez-vous de me fuir.
Moi causer sa douleur,	Prenez-vous du plaisir
Son malheur !	A m'entendre gémir,
Plutôt mourir !....	A me faire souffrir,
Je vais la fuir.	A causer ma douleur ?
Quelle rigueur !	Quelle rigueur !
	Ah ! laissez-moi : quelle rigueur !

Cessez, cessez d'affliger mon cœur.
   Je dois vous obéir;
   Bientôt je vais vous fuir.
   Moi vous faire souffrir,
   Causer votre douleur,
   Causer votre malheur!
     Plutôt mourir!....
Ah! plaignez-moi: plus de rigueur!
Cessez, cessez d'affliger mon cœur.

Cessez, cessez d'agiter mon cœur.
   Hâtez-vous de me fuir:

   Vous feriez mon malheur,
     Mon malheur.

Ah! laissez-moi: quelle douleur!
Cessez, cessez d'agiter mon cœur.

HÉLÈNE.

C'en est trop, je ne veux plus rien entendre. Tiens, méchant, voilà cette rosette que.... J'étouffe.

(*Elle ramasse la rosette et la jette à Colin. Elle sort.*)

SCÈNE IX.

COLIN, *seul.*

Cette rosette.... Que veut-elle dire? Je l'ai vu s'attendrir; je n'ose croire....

          (*Baisant la rosette.*)

SCÈNE X.

COLIN, THOMAS.

THOMAS, *à part.*

Que vois-je ! ma rosette entre ses mains.

COLIN.

Je ne puis plus prétendre à Hélène ; c'en est fait, j'ai pris mon parti.

THOMAS.

Il a pris son parti, c'est d'épouser Thérèse.

COLIN.

Ce ruban sera toujours contre mon cœur.

THOMAS.

Je suis sacrifié. Colin est le rival qu'on me préfère.

ARIETTE.

(*à Colin.*) Il faut rendre,
Me rendre.

COLIN.

Eh ! qu'oses-tu prétendre ?

THOMAS.

Ce gage de ma foi,
Qu'elle a reçu de moi.

COLIN.

Quoi!
De toi?

THOMAS.

Oui, de moi,
Qu'elle a reçu de moi.

COLIN.

Quoi!
De toi?

THOMAS.

Oui, de moi
Ce gage de ma foi.

COLIN.

Elle a pu de toi recevoir,
Au mépris de son devoir,
Au mépris de son devoir?....
Non, non, non, je ne puis le concevoir.

THOMAS.

Je veux ravoir....

COLIN.

Je veux savoir.....

DUO.

COLIN.	THOMAS.
En as-tu le pouvoir?	Bientôt tu vas savoir
Perds un frivole espoir.	Si j'en ai le pouvoir,
En as-tu le pouvoir?	Bientôt tu vas savoir,
Thomas, c'est ce qu'il faut savoir;	Colin, si j'en ai le pouvoir;
Oui, c'est ce qu'il faut voir.	Et c'est ce qu'il faut voir.

SCÈNE IX.

THOMAS, COLIN, HÉLÈNE.

HÉLÈNE, *se mettant entre eux deux.*

Ah ! tout doux, tout doux :
D'où vient ce courroux ?
Ah ! Thomas...... Colin,
Quel est ton dessein ?
Tu me fais trembler.
Par ta fureur,
Tu veux donc troubler
Toujours mon cœur.

COLIN.

Un rival a su mériter....
Je ne puis surmonter
Ma colère.

HÉLÈNE.

Arrête, téméraire !
Arrête, téméraire !

COLIN.

O ciel ! que dois-je faire ?

HÉLÈNE.

Nous quitter.

THOMAS.

Ah ! daignez, daignez m'écouter ;
Je dois vous respecter,
Mais je dois
Soutenir mes droits.

HÉLÈNE.

Oui, Colin a tort;
Oui, sans doute, il a tort.
Calmez ce transport,
Et soyez tous deux d'accord.

COLIN.

Je n'aurais pas prévu.....
Je n'aurais jamais cru....
Quel outrage!

THOMAS.

J'enrage.

HÉLÈNE.

Mais, au nom des Dieux,
Quitte donc ces lieux.

COLIN.

Vous rendez mon sort
Cent fois plus cruel que la mort.

THOMAS.

Puisqu'il faut parler net,
Apprenez le sujet....
Voici le fait, voici le fait:
Il aime un jeune objet
Que j'adore en secret;
Beauté sage et fière....
Mais je suis discret.

COLIN.

Ah!

HÉLÈNE.

La paix!

COLIN.

Non, jamais....

COMÉDIE.

Viens....

THOMAS.

Je vais....

HÉLÈNE.

Eh! la paix!

TRIO.

COLIN.	HÉLÈNE.	THOMAS.
Je veux savoir....	Venez, ma mère,	Je veux ravoir....
	Venez, venez, ma mère.	

(*Hélène les quitte pour aller au-devant de sa mère.*)

DUO.

COLIN.	THOMAS.
En as-tu le pouvoir ?	Bientôt tu vas savoir
Perds un frivole espoir;	Si j'en ai le pouvoir;
En as-tu le pouvoir ?	Bientôt tu vas savoir,
Thomas, c'est ce qu'il faut savoir.	Colin, si j'en ai le pouvoir,
Oui, c'est ce qu'il faut voir.	Et c'est ce qu'il faut voir.

SCÈNE XII.

LES ACTEURS PRÉCÉDENS, Mad. MICHEL.

HÉLÈNE, Mad. MICHEL.

Eh! tout doux, tout doux!
Pourquoi ce courroux?

Mad. MICHEL.

Ah! Thomas!

HÉLÈNE.

Colin!

LA ROSIÈRE DE SALENCI,

Mad. MICHEL, HÉLÈNE.

Quel est ton dessein ?

Mad. MICHEL.

Osez-vous ensemble ?.....

Mad. MICHEL, HÉLÈNE.

Quelqu'un peut venir,
Sauvez-vous ; je tremble.....
On va vous punir.

COLIN.

Quel est mon malheur !

THOMAS.

Dois-je douter de son cœur ?

COLIN, à Thomas.

Je prendrai mieux mon temps.

THOMAS.

J'entends ;
Oui, je t'attends.

Mad. MICHEL, HÉLÈNE.

Fuyez, fuyez, à quoi vous exposez-vous ?
Fuyez, fuyez, fuyez, on vient à vous.

TOUS QUATRE.

HÉLÈNE.	Me MICHEL.	COLIN.	THOMAS, à Colin.
Ah ! maman !	Va-t-en,	C'en est fait, cruelle,	Viens, suis-moi ; loin d'elle,
Il peut partir.	On va venir.	Je vais partir.	Tu peux venir.
Mais, maman,	Va-t-en,	C'en est fait, loin d'elle,	Ton rival t'appelle
S'il va mourir.	On va venir.	Je vais mourir.	Pour te punir.

SCÈNE XIII.

LES ACTEURS PRÉCÉDENS, Mad. GRIGNARD, THÉRÈSE, NICOLE.

Mad. GRIGNARD, *à sa fenêtre.*

A l'aide! au secours!

Mad. MICHEL, *à Thomas.*

Suis-moi.

HÉLÈNE, *à Thomas.*

Entrez chez nous.

(*Hélène entre avec Thomas dans la ferme, en le poussant devant elle. Madame Michel entraîne Colin dans la coulisse du côté opposé.*)

Mad. GRIGNARD, *après avoir vu entrer Thomas et Hélène dans la ferme.*

Bon. Me voilà sûre de mon fait. (*Elle se retire de la fenêtre, et dit dans sa maison :*) Thérèse? Thérèse? Thérèse? eh! venez donc vite.

(*Pendant ce temps, Hélène sort, et se jette dans les bras de sa mère qu'elle rencontre au fond du théâtre.*)

HÉLÈNE.

Je suis tremblante.

Mad. MICHEL.

Ne crains rien, ne crains rien, ma fille; Colin est parti : tu ne le reverras plus, le pauvre garçon.

HÉLÈNE.

Il est parti !

Mad. MICHEL.

Oui, n'y songeons plus.

(*Elle emmène sa fille.*)

SCÈNE XIV.

Mad. GRIGNARD, THÉRÈSE.

Mad. GRIGNARD.

Voila pourtant votre bonne amie Hélène, cette fille si sage : elle vient d'entrer chez elle avec un de ses amoureux. Je les ai vus; allez doucement les observer.

THÉRÈSE.

Moi, ma mère ?....

Mad. GRIGNARD.

Point de réplique. Allez, dépêchez.

(*Elle fait entrer Thérèse dans la ferme.*)

SCÈNE XV.

Mad. GRIGNARD, L'OFFICIER.

L'OFFICIER.

Qu'est-ce qu'il y a?

Mad. GRIGNARD.

Monsieur l'officier, faites votre devoir : deux jeunes garçons viennent de manquer scandaleusement à nos lois. Ils en sont venus aux mains.

L'OFFICIER.

Où sont-ils?

Mad. GRIGNARD.

L'un s'est enfui par ce chemin.

L'OFFICIER, *à deux de ses gens.*

Que l'on coure après.

Mad. GRIGNARD.

L'autre est dans cette maison avec Hélène. Posez à la porte une sentinelle, et que personne n'entre ni ne sorte sans votre ordre. (*Apercevant Nicole.*) Viens çà, Nicole. (*A part.*) Je me défie un peu de ma fille.

L'OFFICIER, *à la sentinelle.*

Postez-vous là, et que personne n'entre ni ne sorte sans mon ordre.

(*Pendant que l'officier donne l'ordre à la sentinelle, madame Grignard parle bas à Nicole.*)

NICOLE.

Espionner? Je ne sais pas comme on espionne, moi.

Mad. GRIGNARD.

N'as-tu pas entendu ce que je t'ai dit? Tu viendras me rendre compte de tout.

NICOLE.

Ah! oui, oui.

Mad. GRIGNARD, *à l'officier.*

Monsieur, permettez que cette jeune fille puisse entrer et sortir.

(*Nicole entre dans la maison de madame Michel, pendant que l'officier va donner un second ordre à la sentinelle.*)

(*A part.*)
Je confondrai cette petite hypocrite.

(*On bat le tambour.*)

(*A l'officier.*) Monsieur l'officier....

L'OFFICIER.

Pardon, madame, la cérémonie commence.

Mad. GRIGNARD.

Déjà ! Thérèse ? Thérèse ?
(*Elle veut entrer dans la maison pour faire sortir sa fille.*)

LE GARDE.

On n'entre pas.

THÉRÈSE, *se présentant pour sortir.*

Ma mère....

LE GARDE.

On ne sort pas.

Mad. GRIGNARD.

Mais il faut que ma fille....

LE GARDE.

On n'entre pas ; on ne sort pas....

Mad. GRIGNARD.

Eh bien ! patience ! nous verrons.

SCÈNE XVI.

LA MARCHE.

(*Madame Grignard va se joindre à la marche qui arrive dans l'ordre suivant : Jérôme, ensuite des miliciens, des gardes-chasses, la maréchaussée, les garçons du village en uniforme ; les jeunes filles aussi dans leur uniforme, les vieilles Rosières accompagnées de leurs maris et de quelques petits enfans, ensuite le Bailli, le Régisseur, les officiers de la justice, etc.*)

(*Après cette marche, le Bailli va se placer dans le bosquet sur un siége à gauche, et le Régisseur sur un autre à droite. De côté et d'autre sont des banquettes pour les Notables du lieu. Les garçons se rangent d'un coté, les filles de l'autre ; le peuple garnit le fond du théâtre. Deux anciennes Rosières portent sur un coussin la couronne de roses, et deux garçons portent dans un bassin d'argent la bourse de vingt-cinq louis.*)

LE BAILLI, *d'un ton imposant, après que tout le monde est placé.*

Silence ! Heureux habitans de ce village, qui ne formez qu'une même famille, c'est à vous à confirmer ou condamner, par votre témoignage, le choix que nous allons faire, et à décider du prix. Commençons par lire les informations. Si quelqu'un a des accusations à produire, qu'il parle, il sait à quoi l'honneur l'oblige. (*Il lit.*) *Nicole.* Il n'y a rien contre elle.

Mad. GRIGNARD.

Bon ! c'est une petite sotte qui est sage sans savoir pourquoi ; le beau mérite !

LE RÉGISSEUR.

Thérèse.

LE BAILLI.

Rien contre elle.

Mad. GRIGNARD.

Je le crois bien.

(*Dans cette scène, madame Michel arrive au fond du théâtre.*)

LE BAILLI, *continuant de lire.*

Hélène. Voilà des notes. Dimanche dernier, on a vu Hélène sortir du bois au déclin du jour ; elle est rentrée chez sa mère fort tard.

UNE BONNE VIEILLE.

La chère enfant, c'était pour me ramener mon chevreau qu'elle avait trouvé.

LE BAILLI.

Le lundi suivant, elle s'est absentée de la maison toute la journée.

UNE AUTRE VIEILLE.

J'étais malade ; c'était pour faire mon ouvrage.

LE BAILLI.

Tous les samedis de chaque semaine, Hélène donne une mesure de blé à un jeune garçon qui a grand soin de se cacher.

UN VIEILLARD.

Ah! les méchans! C'était mon fils, pour moi, pour ma femme, pour mes pauvres enfans.... Sa mère le savait; je ne l'aurais jamais dit, elle ne le voulait pas.

Mad. GRIGNARD.

Fort bien! fort bien! Je n'y peux plus tenir, vous m'avez commandé de parler.

LE BAILLI.

Eh bien! parlez, parlez.

Mad. GRIGNARD.

Hélène est actuellement dans cette maison avec un de ses amoureux.

LE RÉGISSEUR.

Cela n'est pas possible. Comme elle m'aurait trompé!

Mad. GRIGNARD.

Je les ai vus. Thérèse et Nicole vont bientôt vous informer de tout.

LE BAILLI.

S'il est ainsi, je condamne Hélène.

Mad. MICHEL.

Arrêtez, monsieur le Bailli, qu'a-t-elle fait? Mes voisins, mes voisines, avez-vous quelque chose à lui reprocher?

TOUS.

Non, non, non.

Mad. MICHEL.

Non, elle n'est point coupable : l'honneur a toujours été dans notre famille; le cœur de ma fille m'est connu, il me répond de son innocence.

Mad. GRIGNARD.

Son innocence! Tenez, tenez, voilà la petite Nicole qui nous apporte des nouvelles.

SCÈNE XVII.

LES ACTEURS PRÉCÉDENS, NICOLE.

NICOLE.

A1R : *Sur un vert gazon.*

Oh! je viens d'entendre
Ce garçon caché dans le moulin,
Hein, hein :
Elle avait l'air tendre,
Il était chagrin :
Elle se fâchait;
Il lui reprochait;
Je n'ai pu comprendre.....

Ils se plaignaient tous deux
De n'être pas heureux.
Oh! ne l'espère pas,
Dit Thérèse à Thomas.

Mad. GRIGNARD.

Comment! Thérèse! Thomas!....

LE BAILLI.

Qu'on les fasse venir.

Mad. MICHEL.

Paraissez, ma fille.

SCÈNE XVIII, et dernière.

LES PRÉCÉDENS, THÉRÈSE, THOMAS, sortant de la ferme, HÉLÈNE, COLIN, amené par deux Gardes.

Mad. GRIGNARD.

Que vois-je!

NICOLE.

Eh oui! c'est Thomas qui aime Thérèse; oh! dame, j'ai bien espionné, moi.

Mad. GRIGNARD, à Thérèse.

Vous, avec Thomas!

COMÉDIE.

THÉRÈSE.

Ma mère, je vous ai obéi.

Mad. GRIGNARD.

Voilà Colin qu'on nous ramène : nous allons éclaircir le fait ; lisez sa lettre.

THOMAS.

Ah! Madame, c'est moi qui l'ai écrite et qui ai donné la rosette à Thérèse ; mais je suis seul coupable, elle n'a point de part....

COLIN.

Hélène, croyant qu'elle venait de moi, me l'a rendue avec indignation. Je partais ; je lui sacrifiais mon bonheur, ma vie.... Et pourquoi me ramène-t-on ? pourquoi ?

Mad. GRIGNARD.

Je suis confondue.

LE BAILLI.

Hélène est donc justifiée.

LE RÉGISSEUR.

Oh! ma foi, j'en étais bien sûr.

LE BAILLI.

Approchez, Hélène, venez recevoir la couronne.

LE RÉGISSEUR.

Et ma main ; c'est moi qui épouse la Rosière.

COLIN.

C'est lui qui l'épouse !.... Mais Hélène est justifiée, je mourrai content.

(On s'approche pour couronner Hélène. Il se laisse tomber presque sans connaissance dans les bras des Gardes qui l'ont ramené.)

HÉLÈNE, *s'attendrissant par degrés.*

Ah Ciel ! suspendez....

LE BAILLI.

Qu'avez-vous ?

HÉLÈNE, *apercevant Colin qui tombe entre les bras des Gardes.*

ARIETTE.

Ah ! reprenez cette couronne.
Non, non, ce prix que l'on me donne,
Je ne l'ai pas mérité !
Vous voyez un cœur agité :
J'aidais à me tromper moi-même.
En ce moment je sens que j'aime ;
Je ne veux point trahir la vérité.

Mad. GRIGNARD.

C'est Colin qu'elle aime. Je l'ai bien dit.

HÉLÈNE.

Il ne le savait pas ; épargnez-le de grâce. Je renonce à lui pour jamais ; je n'y pourrai survivre. Ah ! ma mère !...

(Elle tombe dans les bras de sa mère.)

COLIN, *se jetant aux genoux d'Hélène.*

Elle m'aime, et c'est moi qui cause son malheur! il faut que je meure à ses pieds.

LE RÉGISSEUR.

Ah! Monsieur le Bailli... Ils m'attendrissent : un amour involontaire n'est point un crime, quand on sait le surmonter. Qu'ils soient heureux! je leur servirai de père.

LE BAILLI.

Voici mon jugement : Nicole est sage par ignorance, Thérèse par contrainte, Hélène par devoir et par amour pour la vertu; on ne triomphe point sans combat.

LE RÉGISSEUR.

Hélène en est plus digne du prix.

LE BAILLI.

Qu'elle recoive la couronne, et plus encore la main d'un amant chéri, d'un époux tendre et fidèle, digne récompense de la sagesse!

CHŒUR.

LE BAILLI.

C'est Hélène que je déclare.

TOUS.

C'est Hélène que l'on déclare,
Fanfare, fanfare, fanfare :
Hélène a le prix.
Que l'écho réponde à nos cris;
Sur les côteaux et dans la plaine :
Hélène, Hélène, Hélène;
Elle a le prix, elle a le prix.

UNE ANCIENNE ROSIÈRE.

De cette couronne on la pare.
De la vertu, trésor si rare;
Voilà le prix.

TOUT LE CHŒUR.

Fanfare, fanfare, fanfare;
Hélène a le prix.

(*Pendant ce chœur, on couronne Hélène, et la Dame du lieu vient la décorer du cordon bleu, suivant l'usage établi par Louis XIII. Ensuite on place la Rosière sur un trône de fleurs et de verdure; et tous les Habitans du Village et des environs viennent la féliciter; ce qui forme le divertissement.*)

VAUDEVILLE.

LE BAILLI.

Vous qui cherchez à mériter
Le prix qu'on donne à la sagesse,
Il est bon de vous réciter
Plus d'un exemple de faiblesse;
On croit pouvoir tout éviter;
Trop confiante est la jeunesse:
  Eh bien! eh bien!
Vous verrez à quoi on s'expose:
Jeunes filles, songez-y bien,
  Il ne faut qu'un rien,
Un petit rien, un petit rien,
Pour perdre le prix de la rose.

Mad. GRIGNARD.

Pour prendre un nid, levant le bras,
Sur ses deux pieds Lison se dresse;
Lucas, qui voit son embarras,
La fait sauter avec adresse;
Ah! grand merci, l'ami Lucas.
On condamna sa politesse.
  Eh bien! Eh bien!
Voyez-vous à quoi l'on s'expose!
Jeunes filles, songez-y bien,
  Il ne faut qu'un rien, etc.

UNE FEMME DU VILLAGE.

Lubin ramène chez Suzon
L'agneau chéri qu'elle regrette.
Pour payer les soins du garçon,
Elle lui donne une houlette;

Lubin est tout fier de ce don,
Suzon passa pour indiscrète.
  Eh bien ! Eh bien !
Voyez-vous à quoi l'on s'expose !
Jeunes filles, etc.

UN HABITANT DU VILLAGE.

Lise, en dansant, rompt son lacet ;
De ses deux mains elle se cache ;
Jeannot rapproche son corset,
En soupirant il le rattache,
Et de même elle soupirait.
Elle eut tort ; il faut qu'on le sache.
  Eh bien ! Eh bien !
Voyez-vous à quoi l'on s'expose !
Jeunes filles, etc.

NICOLE.

Un jour d'été Jean Guignolet
Dormait dans le creux d'une roche ;
Pour voir un peu comme il dormait,
Voilà Denise qui s'approche :
Elle lui jette son bouquet,
Et ce fut pour elle un reproche.
  Eh bien ! Eh bien !
Voyez-vous à quoi l'on s'expose !
Jeunes filles, etc.

THOMAS.

Le soir au bois prenant le frais,
Thémire entend chanter Sylvandre ;
Elle s'approche de plus près
Pour écouter, et pour apprendre :
Chaque soir, elle y vient exprès.
C'en est assez pour la reprendre.
  Eh bien ! Eh bien !
Voyez-vous à quoi l'on s'expose !
Jeunes filles, etc.

COMÉDIE.

LE RÉGISSEUR.

Pour la sagesse en ce pays,
On est, ma foi, bien difficile.
Ce n'est pas de même à Paris,
Et sur ce point on est tranquille.
Qu'une fille ait des favoris,
Pour elle on est toujours docile.
  Eh bien... Eh bien...
Mais c'est ici toute autre chose.
Jeunes filles, etc.

COLIN, *à Hélène.*

Sans l'oser dire, je t'aimais.
Ah! pourrait-on m'en faire un crime?
Non, ta sagesse et tes attraits
Rendent l'amour bien légitime.
Oui, oui, je t'aime et pour jamais,
Je cède au transport qui m'anime.
  Avec ardeur,
Je puis te le dire, et je l'ose:
Ah! pour moi, quel moment flatteur!
  Tu fais mon bonheur,
   Et dans ton cœur,
Je trouve le prix de la Rose.

Mad. MICHEL.

On dit qu'il revient un esprit
Chez la grand'mère de Nicette;
Toute la nuit il fait du bruit:
Le voisinage s'inquiette.
Nicette a grand'peur; mais sourit:
Un sourire est un interprète.
  Eh bien! Eh bien!
Voyez-vous à quoi l'on s'expose!
Jeunes filles, songez-y bien,
  Il ne faut qu'un rien,
Un petit rien, un petit rien,
Pour perdre le prix de la Rose.

HÉLÈNE, *au Parterre.*

La faible rose bien souvent
Malgré tout l'art du jardinage,
Quand elle est exposée au vent,
En reçoit un cruel dommage ;
Ainsi maint ouvrage, en naissant,
Ne peut résister à l'orage.
  Eh bien ! Eh bien !
Voyez donc à quoi l'on s'expose!
Ah ! Messieurs, sans votre soutien,
  Il ne faut qu'un rien,
  Qu'un petit rien,
Pour perdre le prix de la Rose.

FIN.

LE COQ

DE VILLAGE,

OPÉRA COMIQUE.

Représenté pour la première fois sur le Théâtre du Faubourg Saint-Germain.

ACTEURS.

Madame FROMENT.
Madame RAPÉ.
LE TABELLION.
THÉRÈSE.
PIERROT.
GOGO.
MATHURINE.
COLETTE.
FILLES DU VILLAGE.

LE COQ DE VILLAGE,

OPÉRA COMIQUE.

SCÈNE PREMIÈRE.

LE TABELLION.

On dit bien vrai que la rareté fait le prix de toutes choses. Tant qu'il y avait des garçons dans le village, les filles les dédaignaient, et Pierrot n'était pas regardé ; mais, depuis qu'ils se sont tous enrôlés volontairement par un motif de gloire, et qu'il ne reste que Pierrot, toutes nos filles lui font la cour ; c'est à qui l'aura : et voilà mon filleul devenu le Coq du village. Je voudrais bien profiter de l'occasion pour lui procurer un bon établissement.

SCÈNE II.

PIERROT, LE TABELLION.

LE TABELLION.

Ah ! te voilà, garçon ! Mais, que de bouquets ! Que de rubans ! Te voilà plus brave qu'un épouseux.

PIERROT.

Morgué, mon parrain, guia braverie qui tienne, je ne puis plus y résister.

LE TABELLION.

Qu'as-tu donc ?

PIERROT.

Ce que j'ai ? Tenez, vous voyez bian tous ces bouquets, tous ces rubans, ce sont les filles du lieu qui me les ont baillés à cause que c'est aujourd'hui la fête du village.

LE TABELLION.

Cela te fait honneur, mon enfant.

PIERROT.

Oui, et, à cause que c'est la fête du village, alles voulont aussi que je les fasse danser tretoutes aujourd'hui.

LE TABELLION.

Cela se doit.

PIERROT.

Air : *Le branle de Metz.*

Comment danser,
Sans se lasser,
Avec une douzaine ?
A peine vian-je de cesser,
Que l'on me fait recommencer.
Morgué, que j'ai de peine !
Et l'on ne veut pas me laisser
Le temps de prendre haleine.

LE TABELLION.

Il faut avoir des complaisances, mon ami.

PIERROT.

Oh, dame ! mon parrain, je ne suis pas de fer ; je ne puis pas répondre à toutes.

ARIETTE.

La petite Lise
Veut que je la conduise
De buissons en buissons,
Pour chercher des pinçons.
Fanchon, dans la plaine,
Veut que je la mène,
Pour cueillir des fleurs
De toutes les couleurs.
Il faut, pour Nanette,
Graver une houlette,
Et, de mon flageolet,
Accompagner Babet.

Il n'y a pas jusqu'à la fille de madame Froment,

ste petite Gogo, qui viant tous les matins me faire endêver pour avoir des noisettes.

LE TABELLION, *riant.*

Que je te plains!....

PIERROT.

Oui, riez. Alles sont après moi pis que des enragées; l'une me baille une taloche, l'autre une mornifle; stelle-là tire le cordon de ma freize, stelle-ci fait choir mon chapeau; et tout ça, parce qu'alles m'aimont, voyez-vous.

LE TABELLION.

Cela est bien terrible!

PIERROT.

Non, queuquefois gnia de certains momens où je m'enrollerais itou volonquiers, si ce n'était queuque chose qui m'en empêche.

LE TABELLION.

AIR: *Amis, sans regretter Paris.*

J'entends, c'est faute de valeur.

PIERROT.

Qualle erreur est la vôtre!
Je sons Français, j'avons du cœur;
L'un ne va pas sans l'autre.

LE TABELLION.

Qu'est-ce donc qui te retient?

PIERROT.

AIR: *Je suis, je suis malade d'amour.*

Hélas! tant la nuit que le jour,
     Un lutin me possède ;
Je sens mon cœur chaud comme un four,
     Mourrai-je faute d'aide ?
Je suis, je suis malade d'amour :
     Thérèse est le remède.

LE TABELLION.

Comment ? tu aimes Thérèse ?

PIERROT, *d'un air timide.*

Oui, mon parrain.

LE TABELLION.

Et Thérèse t'aime-t-elle ?

PIERROT, *gaîment.*

Oui, mon parrain. Alle ne m'a pourtant pas dit que je sis son amoureux, je ne lui ai pas dit non plus qu'alle est ma maîtresse ; mais je devinons tout ça.

LE TABELLION.

AIR: *Non, je ne veux pas rire, non.*

Comment donc as-tu réussi ?
Comment donc as-tu réussi ?

PIERROT.

Je la lorgnons toujours ainsi.
     A l'voit que je l'admire,
Et pis al se met à rire,
     Et pis je me mets à rire aussi ;
Et pis j'nous mettons à rire.

LE TABELLION.

Tu ne t'es jamais expliqué plus clairement.

PIERROT.

Jarnicoton! je n'ai jamais pu.

Air : *Pierrot, rabotine, rabotine-moi.*

Quand je vois cette belle enfant,
Mon cœur tambourine, tambourine tant,
Que ça me suffoque à l'instant.
Alors Pierrot
Reste tout sot.
Mon cœur tambourine,
Tambourine, tambourine
Je ne puis, ma fine,
Lâcher un mot.

LE TABELLION.

Ah! Ah! Ah! Le nigaud!

PIERROT.

Oh! Ce n'est pas tout. Je li fais des révérences en tournant mon chapeau ; et ma politesse la rend toute honteuse. Alle badine d'une main avec le coin de son tablier, et de l'autre alle cache ses yeux; mais alle me regarde au travers des doigts, et je m'aperçois à son mouchoir de cou, que son petit estomac n'est pas plus tranquille que le mien.

LE TABELLION.

Ensuite ?.....

PIERROT.

Il viant toujours queuqu'importun qui nous sépare.

LE TABELLION, *riant.*

Ah! ah! ah! Il n'y a pas grand mal à tout cela. (*d'un grand sérieux.*) Écoutez-moi, Pierrot : Thérèse ne vous convient pas, ce n'est qu'une petite bergère qui n'a que sa gentillesse.

PIERROT.

C'est justement ste gentillesse-là qui me fait plaisir, mon parrain.

LE TABELLION.

Il faut s'attacher au solide. Vous êtes le seul garçon du village, vous pouvez choisir un parti plus couvenable.

PIERROT.

Oh! Tenez, mon parrain, si je n'épouse pas Thérèse, j'aurai bian de l'or et bian de l'argent; mais je ne serai pas riche, et je mourrai de chagrin.

A I R : *V'là c'que c'est qu'd'aller au bois.*

Je deviens triste et langoureux.

LE TABELLION.

V'là c'que c'est qu'd'être amoureux.
Tu vas faire le douloureux
  Pour une bergère;
  Ta bourse est légère :
Ton ventre plat, ton cerveau creux,
V'là c'que c'est qu'd'être amoureux.

PIERROT.

Même air.

En s'aimant bian, l'on est heureux;
V'là c'que c'est qu'd'être amoureux.
Par cent petits mots doucereux,

LE COQ DE VILLAGE,

Ma chère maîtresse
Fera ma richesse.
J'aurons tous le monde à nous deux :
V'là c'que c'est qu'd'être amoureux.

LE TABELLION.

Je m'intéresse à ce qui te fait plaisir, mon filleul. Si les tantes de Thérèse voulaient lui rendre compte du bien de son père, ta petite maîtresse serait un parti assez sortable ; mais il ne faut pas l'espérer, les bonnes femmes sont trop tenaces.

PIERROT.

Ce n'est pas ça ; c'est qu'alles avons itou envie de ma personne ; surtout madame Froment, parce que je sis son valet de farme, et qu'alle connaît bian mon mérite. Tenez, morgué ! ne les vlà-t-ils pas encore qui me reluquent ? Je me sauve, mon parrain. Amusez-les tandis que je vas charcher Thérèse.

LE TABELLION.

Je vais leur parler ; je verrai ce qu'il y aura à faire pour toi.

PIERROT, *embrassant le Tabellion*.

Ah ! mon cher parrain !....

SCÈNE III.

Mad. RAPÉ, Mad. FROMENT, LE TABELLION, PIERROT.

Mad. RAPÉ ET Mad. FROMENT *appellant Pierrot.*

Pierrot? Pierrot?

PIERROT, *en s'en allant.*

Oui, Pierrot.... Pierrot....

REFRAIN.

Pierrot reviendra tantôt,
Tantôt reviendra Pierrot.

SCÈNE IV.

Mad. RAPÉ, Mad. FROMENT, LE TABELLION.

Mad. RAPÉ.

Il me semble, ma sœur, que votre amoureux ne vous écoute guère.

Mad. FROMENT.

Qu'appelez-vous, mon amoureux, madame Rapé? Je songe bien à Pierrot, vraiment. C'est bien plutôt le vôtre.

Mad. RAPÉ.

Je ne voulons pas aller sur vos brisées, madame Froment.

Mad. FROMENT.

Eh ! Qu'est-ce qui m'empêcherait d'épouser Pierrot, si j'en avais envie ?

Mad. RAPÉ.

Air : *Tout à la bonne franquette se partagera.*

Il ne tient qu'à vous, peut-être,
D'avoir ce garçon ;
Il fait déjà bien le maître
Dans votre maison.

Mad. FROMENT.

Il sera, si je l'en somme,
Prêt à m'épouser.

Mad. RAPÉ.

Je le crois trop honnête homme
Pour vous refuser.

Mad. FROMENT.

Que voulez-vous dire, s'il vous plaît ?

LE TABELLION.

Eh ! mes commères, tout doux.... vous vous piquez mal à propos. Je ne crois pas que la plus riche laboureuse du canton, et la maîtresse de la plus fameuse hôtellerie, aient dessein d'épouser Pierrot.

Mad. RAPÉ.

Oh ! vraiment, vraiment, vous ne la connaissez pas. Il faut li en faire honte.

AIR: *En mistico, en dardillon.*

C'est pour Pierrot qu'alle se pare
En mistico, en dardillon ; en dar, en dar, dar, dar, dar, dare,
Qu'à déjeûner elle prépare,
Toujours avant qu'il soit mistificoté ;
Levé.

Mad. FROMENT.

AIR: *T'a-t-il tâté les tétons.*

Et vous, depuis un temps, plus brave,
Vous ne regardez que Pierrot,
Chaque matin il boit un pot
Tout du meilleur de votre cave.

Mad. RAPÉ.

C'est qu'il aide à serrer mon vin.
On ne m'oblige pas en vain.

LE TABELLION.

Eh! Madame Froment !

Mad. FROMENT.

AIR: *C'est pour le badinage.*

Toujours vous l'emmenez,
Quand je vais au village,
Et vous le retenez
Une heure ou davantage,
Pour faire votre ouvrage.
Vous servez-vous de lui ?
Nenni.
C'est pour le badinage.

Mad. RAPÉ.

Je ne vous ressemblons pas.

LE COQ DE VILLAGE,

AIR : *Nous autres bons villageois.*

Un jour qu'il dormait au frais,
Vous lui jettîtes une orange;
Ça l'éveillit : puis après
Vous vous enfuîtes dans la grange;
Mais, avant, vous vous fîtes voir.

Mad. FROMENT.

Peut-on avoir
L'esprit plus noir?

Mad. RAPÉ.

Oui, vous couriais là vous cacher,
Afin qu'il vous y vînt charcher.

LE TABELLION.

Ma commère Rapé, à quoi bon vous faire ces reproches? Vous êtes toutes deux fort éloignées de vous remarier.

AIR : *A présent je ne dois plus feindre.*
(De la Chercheuse d'Esprit.)

Vous connaissez tout l'avantage
Que l'on peut tirer du veuvage.
Cet état libre est d'un grand prix.
Vous en faites l'expérience.
Pour avoir besoin de maris,
Vous avez trop d'intelligence.

Vous songez bien plutôt à pourvoir votre nièce Thérèse; cela est louable.

Mad. FROMENT.

Thérèse. Oh! ça ne presse pas, monsieur le Tabellion.

LE TABELLION.

Air: *Je saurais bien le déboucher.*

Elle a quinze ans.

Mad. FROMENT.

Je n'en puis ; mais
Qu'on cesse d'y prétendre.

Mad. RAPÉ.

Alle a le temps d'attendre.

LE TABELLION.

Mais
L'ennui pourrait la prendre,
Fille nubile n'a jamais
Le temps d'attendre.

Croyez-moi, rendez-lui ce qui lui revient, et je lui donne Pierrot.

Mad. FROMENT et Mad. RAPÉ.

Pierrot ?....

Mad. FROMENT.

Je suis votre servante, monsieur le Tabellion ; Thérèse n'est point à marier.

Mad. RAPÉ.

Ça ne sera pas ; j'avons des raisons pour ça.

LE TABELLION.

Quelles raisons ?

Mad. FROMENT, *bas au Tabellion.*

Je vous les dirai.

Mad. RAPÉ, *bas au Tabellion.*

Vous les saurez.

Mad. FROMENT, *bas au Tabellion.*

Dégoûtez ma sœur de Pierrot.

Mad. RAPÉ, *bas au Tabellion.*

Faites-la renoncer à votre filleul.

LE TABELLION.

Mais, à la fin, vous me feriez soupçonner que vous voulez garder Pierrot pour vous-mêmes.

Mad. FROMENT.

Fi donc, encore une fois, je n'ai pas de sentimens aussi bas que ceux de ma sœur.

Mad. RAPÉ.

Pardi, je n'avons pas, comme vous, épousé un valet. Est-ce que votre défunt Nicolas Froment ne servait pas cheux nous quand il vous épousit ?

LE TABELLION.

Encore vous quereller ?

Mad. FROMENT.

C'est mon père qui fit ce beau mariage-là.

Mad. RAPÉ.

AIR : *Ma tourlourette, par amourette.*

Mon père en agit comme il faut,
En obligeant ce gros lourdaut
De vous épouser au plutôt,

Ma tourlourette,
Par amourette,
Pour avoir à votre corset
Osé prendre un bouquet.

LE TABELLION.

Il n'y a pas si grand mal.

Mad. RAPÉ.

Ah! ah! se dit-il, quand un garçon use de ste liberté-là avec une fille, il s'émancipe queuqu'fois davantage. Marions Cataut.

Mad. FROMENT.

AIR : *C'est une excuse.*

Pouvais-je empêcher Nicolas ?
Vous en allez juger, hélas !
C'est à tort qu'on m'accuse :
Quand ce fripon prit mon bouquet,
Je dormais sur le serpolet.

LE TABELLION.

C'est une excuse.

Laissez-la dire. Changeons de propos. Je vois ce qui vous excite l'une contre l'autre; c'est que chacune craint de devenir la belle-sœur d'un simple valet de ferme.

Mad. FROMENT.

Ce n'est pas autre chose.

Mad. RAPÉ.

Sans doute : ce que j'en dis n'est que pour l'honneur de la famille.

LE TABELLION.

En ce cas, pour faire la paix, promettez-vous réciproquement de ne point épouser Pierrot.

Mad. FROMENT.

AIR : *De tous les Capucins du monde.*

A lui de grand cœur je renonce.

LE TABELLION, *à Madame Rapé.*

Et vous ?

Mad. RAPÉ.

Je fais même réponse.

Mad. FROMENT.

Ce garçon-là n'est pas mon fait ;
De plus, il n'aime pas l'ouvrage.

Mad. RAPÉ.

Ce n'est qu'un petit freluquet
Qui se perdrait dans mon ménage.

Mad. FROMENT.

Vlà ce que je demandais.

Mad. RAPÉ.

Je suis charmée que vous pensiez comme ça.

LE TABELLION.

Et moi, je vous félicite de vous voir des sentimens si raisonnables. (*A part.*) Voilà déjà un grand point de gagné sur leur esprit.

Mad. FROMENT, *bas au Tabellion.*

Monsieur le Tabellion, si vous pouvez me faire épouser Pierrot, je vous donne trois muids de blé.

LE TABELLION.

Oh, oh !

Mad. RAPÉ, *bas au Tabellion.*

Si, par votre moyen, je deviens la femme de Pierrot, je vous fais présent de quatre bonnes pièces de vin.

LE TABELLION.

Fort bien.....

Mad. FROMENT, *bas au Tabellion.*

Proposez-lui la chose sans en parler à madame Rapé, de crainte qu'elle ne me nuise. (*Haut.*) Au revoir, monsieur le Tabellion.

(*Elle s'en va.*)

Mad. RAPÉ, *bas au Tabellion.*

Touchez-lui deux mots de ça sans en rien dire à ma sœur. (*Haut.*) Sans adieu, monsieur le Tabellion.

LE TABELLION.

Bon, nous voilà bien avancés ! Ah ! Pierrot, Pierrot, adieu tes espérances.

SCÈNE V.

LE TABELLION, GOGO.

GOGO.

Bonjour, monsieur le Tabellion.

LE TABELLION.

Bonjour, Gogo, bonjour.

GOGO.

Je sais bien ce que ma mère et ma tante vous veulent.

LE TABELLION.

Comment le savez-vous ? (*A part,*) Faisons-la jaser.

GOGO.

J'étais cachée dans ce coin : elles vous disaient tout haut qu'elles renonçaient à Pierrot, et tout bas qu'elles y prétendaient.

LE TABELLION.

Sur quoi pensez-vous cela ?

GOGO.

AIR : *Voyelles anciennes.*

Quand Pierrot tarde trop long-temps
A revenir le soir au gîte,
Tout aussitôt on est aux champs,
Il faut l'aller chercher bien vite.

Ma mère, tant qu'il est absent,
Contre lui braille,
Et d'ennui bâille :
Dès qu'il paraît, tout dans l'instant,
Loin de rien dire,
On la voit rire.

AIR : *Tomber dedans.*

Et ma tante, d'une autre part,
N'a que Pierrot dans la cervelle :
Quand elle me voit par hasard,
Avec ardeur elle m'appelle ;
Elle s'enquête de Pierrot.
N'ira-t-il pas aux champs tantôt ?
Que fait Pierrot ?
Que dit Pierrot ?
Nous ne parlons que de Pierrot.

AIR : *Eh! allons donc, jouez, violons.*

Mais de ma mère et de ma tante
Gardez-vous de remplir l'attente :
Chaque fille en murmurerait.

LE TABELLION.

Vous pencheriez donc pour Thérèse ?

GOGO.

Fi donc, Monsieur, elle est trop niaise ;
Le mariage l'ennuirait.

LE TABELLION.

Pour Babet ?

GOGO.

Cela lui nuirait.

LE TABELLION.

Colette ?

LE COQ DE VILLAGE,

GOGO.

Est trop brusque et rétive.

LE TABELLION.

Et Mathurine ?

GOGO.

Elle est trop vive;
Pierrot n'est point leur fait.

LE TABELLION.

Pourquoi ?

GOGO.

C'est qu'il faut le garder pour moi.

AIR : *L'Amour est de tout âge.*

Toutes se le disputent fort :
Si je puis devenir sa femme,
Cela va les mettre d'accord.
Je ferai fort bien la Madame ;
Il ne me faudra pas long-temps
Pour me mettre au fait du ménage.

LE TABELLION.

Vous n'avez pas encore onze ans.

GOGO.

L'amour est de tout âge.

LE TABELLION.

AIR : *Je le sais bien.*

L'amour vous rend l'ame attendrie.
Qu'est-ce que l'amour, je vous prie ?

GOGO.

Je n'en sais rien.
Qu'importe-t-il de le connaître ?
Dès que je vois Pierrot paraître,
Je le sens bien.

AIR : *Mon petit doigt me l'a dit.*

De plus, une fille sage
N'est heureuse qu'en ménage.

LE TABELLION.

Vous me rendez interdit.
D'où savez-vous donc, morveuse,
Qu'un mari peut rendre heureuse ?

GOGO.

Mon petit doigt me l'a dit.

LE TABELLION.

Peste ! vous êtes déjà bien savante !

GOGO.

C'est que ma mère m'a menée plusieurs fois à Paris. C'est là que l'esprit se forme : on n'est que des bêtes au village.

LE TABELLION.

Servez-vous donc de votre esprit pour prendre patience.

GOGO.

Vous ne voulez donc pas me donner votre filleul ?

LE TABELLION.

Allons, allons, vous êtes trop jeune.

GOGO.

Oh bien, je sais ce que je ferai.

LE TABELLION.

Que ferez-vous ?

GOGO.

Rien, rien; n'en parlons plus. A propos, monsieur le Tabellion, ce que ma tante vous disait est-il vrai?

LE TABELLION.

Quoi?

GOGO.

AIR: *De tous les Amans.*

J'écoutais de là son caquet.
Elle vous disait que mon père
Fut contraint d'épouser ma mère,
Pour avoir volé son bouquet.

LE TABELLION.

Oui, cela est vrai : pourquoi ?

GOGO *fait une révérence au Tabellion, et s'en va.*

Adieu, monsieur le Tabellion.

LE TABELLION.

Ouais ! voilà une petite friponne bien alerte.

SCÈNE VI.

PIERROT, LE TABELLION.

PIERROT.

Mon parrain, je n'ai pas encore pu parler à Thérèse, parce qu'alle était aux champs; mais je viens de l'apercevoir, et je lui ai fait signe d'accourir ici.

LE TABELLION.

Ah! mon pauvre enfant! madame Fromeut et madame Rapé veulent absolument t'épouser.

PIERROT.

Quoi! toutes les deux!

LE TABELLION.

Je vais les trouver chacune en particulier pour faire une nouvelle tentative, et tâcher de leur persuader de t'accorder Thérèse ; mais il faut que tu y renonces, si je n'y réussis pas.

SCÈNE VII.

THÉRÈSE, PIERROT.

PIERROT.

VLA Thérèse, oh! oh!

AIR : *Lassi, lasson, lasson, bredondame.*

> Morgué, qu'alle est gentille !
> Je sens, je sens mon cœur qui sautille :
> Morgué, qu'alle est gentille !
> Déjà mon estomac
> Fait tictac, tictac, tac.

Venez çà, Thérèse.

AIR : *Mon Voisin a pris son orge.*

> J'ons un secret à vous dire,
> Mais je n'oserais.

THÉRÈSE.

Pourquoi ?

PIERROT.

Je sis muet quand je vous voi.
Faut pourtant vous instruire :
Oh ! dame aussi, c'est qu'vous allez vous moquer de moi.
Je vous vois déjà rire.

THÉRÈSE.

Est-ce que je peux me moquer de vous, Pierrot ?
Parlez, parlez.

PIERROT, *embarrassé*.

Thérèse, c'est que je.... je....

THÉRÈSE.

Hé bien ?....

PIERROT.

Vous me regardez....

THÉRÈSE.

AIR : *Oh Pierre ! oh Pierre !*

Pourquoi tant de mystère ?

PIERROT.

Tournez la tête.

THÉRÈSE.

Hé bien ?
Il faut vous satisfaire :
Parlez, ne craignez rien.

PIERROT.

Ma chère
Bergère,
C'est que j'vous aime bien.
(*Il se cache avec son chapeau.*)

THÉRÈSE.

Pierrot, vous m'aimez bien?

PIERROT.

Oui, Thérèse. (*A part.*) Ouf! ça me pesait sur la poitrène.

(*A Thérèse.*)

AIR : *Fille qui voyagez en France.*

Quand m'en direz-vous de même?

THÉRÈSE.

Oh! jamais.

PIERROT.

Cœur de rocher!....

THÉRÈSE.

Moi, dire que je vous aime!

PIERROT.

Qui peut vous en empêcher?

THÉRÈSE.

La bienséance.
Je dois même vous cacher
Que je le pense.

PIERROT.

Eh! pourquoi me cacher ça?

THÉRÈSE.

AIR : *Si ma Philis vient en vendange.*

Pierrot, cela doit vous suffire :
Pourquoi ces aveux superflus?
Hélas! assez souvent on aime sans le dire;
Quand on le dit souvent, on n'aime plus.

PIERROT.

Hé bien, ne me le dites pas; mais faites-le moi connaître par quelque chose?

THÉRÈSE.

Comment cela?

PIERROT.

En me laissant baiser votre main.

THÉRÈSE.

Baiser ma main!...

PIERROT.

Vous vous fâcheriez de ça?

THÉRÈSE.

Ne savez-vous pas qu'il faut qu'une fille se fâche quand on lui fait plaisir? Par exemple, à quoi bon me dire que vous m'aimez? A présent que je le sais, voyez, je serai obligée de vous fuir.

PIERROT.

Tout de bon?....

THÉRÈSE.

Sans doute; une fille sage doit fuir tous ceux qui l'aiment. Il faut encore par bienséance que je vous défende de me voir.

PIERROT.

Et vous me le défendez?

THÉRÈSE.

Vraiment oui, Pierrot.

PIERROT.

Sérieusement?

THÉRÈSE.

Très-sérieusement.

PIERROT.

Pargué, j'avons bian affaire de ste peste de bienséance-là. Aussi, c'est mon parrain qui est cause de ça : voyez, il s'est moqué de moi à cause que je ne vous avais pas dit ça, et pis me v'là ben avancé : allez, je ne vas pas mal li chanter pouille, il va voir.

(*Il fait quelques pas pour s'en aller; Thérèse le rappelle.*)

THÉRÈSE.

Pierrot?

PIERROT.

Plaît.... plaît-il, Thérèse?

THÉRÈSE.

Je vous défends de me voir.

PIERROT.

Il faut donc que je ne voie plus rien?

THÉRÈSE.

Mais vous n'êtes pas obligé de m'obéir, vous.

PIERROT, *gaîment*.

AIR : *Quand le péril.*

Oh ! ce mot change ma fortune :
Je désobéis en ce cas ;
Mais vous ne m'en voudrez donc pas ?

THÉRÈSE.

Je n'ai point de rancune.

Mais à quoi servirait l'amour que j'aurions l'un pour l'autre ?

PIERROT.

Je trouverons moyen de l'employer. Mon parrain va faire son possible pour que je vous épouse : y consentirez-vous ?

THÉRÈSE.

Je ne serais plus obligée de vous rien défendre.

PIERROT.

Ni moi de vous désobéir : mais, en attendant, il faut que je vous désobéisse encore une petit' fois, en baisant ste main-là malgré vous.

THÉRÈSE.

Oh ! ce ne sera pas malgré moi ! Doucement, Pierrot.

PIERROT, *lui baisant la main.*

Bon, bon, ce n'est pas votre faute. Je ne la lâcherai point que vous ne payais sa rançon.

THÉRÈSE.

Que vous faut-il ?

PIERROT.

Vot' bouquet.

THÉRÈSE.

Vous en avez tant d'autres.....

PIERROT.

AIR : *Qu'elle est jolie, ma brunette!*

Que votre esprit, ma poulette,
N'en soit point jaloux ;
Je suis prêt, belle Brunette,
De les donner tous,
Pour une simple fleurette
Qui viendrait de vous.

(*Il donne tous ses bouquets.*)

Tenez, tendez vot' tablier, vlà celui de madame Froment, vlà celui de madame Rapé, vlà ceux de Mathurine, de Colette, de Babet, et de toutes les filles du village.

THÉRÈSE, *lui donnant le sien.*

Et vlà le mien.

PIERROT.

Les belles fleurs ! Elles sont pu vives et pu fraîches depis que vous les avez cueillies !

THÉRÈSE.

Paix ! vlà Gogo qui vient.

PIERROT.

On ne voit que ste p'tit' espionne-là.

THÉRÈSE.

AIR : *C'est la Servante de chez nous: mon Dieu qu'elle est jolie!*

Adieu, devant elle, Pierrot,
Ne faites rien paraître ;
Dans le vallon j'irai tantôt
Mener mes moutons paître.

LE COQ DE VILLAGE,

PIERROT.

De queu côté.

THÉRÈSE.

C'est par là-bas.

PIERROT.

Oh! oh! oh! oh! oh! ah! ah! ah! ah! ah!

THÉRÈSE.

J'vous défends d'y suivre mes pas.

(*Elle s'en va.*)

PIERROT.

J'n'y manquerai pas.
J'n'y manquerai pas.

SCÈNE VIII.

GOGO, PIERROT.

PIERROT.

CES œillets ont été sur le sein de ma bergère: qu'ils sentent bon!

AIR: *Nous jouissons dans nos hameaux d'une douceur parfaite.*

Est-il de plus douces odeurs !
D'où vient que je soupire ?
L'Amour s'est niché dans ces fleurs,
C'est lui que je respire.
Le biau bouquet !... Mais, quelle ardeur !
Je me sens tout de braise :
C'est qu'il était contre le cœur
De ma chère Thérèse.
Qu'il reste contre le mien.

GOGO.

Pierrot, vous avez là un beau bouquet?

PIERROT.

Ne voudriais-vous pas déjà l'avoir? Vous avez envie de tout.

GOGO.

AIR : *Allons la voir à Saint-Cloud.*

Le mien est plus beau cent fois;
Regardez-le, je vous prie :
De ces fleurs j'ai fait un choix
Moi-même dans la prairie.

PIERROT.

Ce bouquet a bian plus d'appas.

GOGO.

Vraiment je ne troquerais pas
Le mien contre le vôtre.

PIERROT.

Je sommes contens du nôtre.

Je ne le donnerais pas pour un jardin tout entier.

GOGO.

Voyons-le donc?

PIERROT.

Tout bellement.

GOGO.

Avez-vous peur qu'on ne le mange? Il est vrai qu'il est charmant : que je le sente. (*Pierrot approche le bouquet de Gogo; elle s'avance comme pour le flairer, et le lui arrache.*) Ah! il embaume.

PIERROT.

Hé bien, hé bien, Gogo !

GOGO.

Ah ! le nigaud, qui se laisse attraper comme ça.

PIERROT.

Voulez-vous bian me rendre mon bouquet ?

GOGO.

Moquez-vous de lui.

AIR : *Baise-moi donc, me disait Blaise.*

Je vais le dire à votre mère.

GOGO.

Allez, allez : oh ! je ne le crains guère;
De Thérèse c'est le bouquet.
A ce nom votre cœur soupire.
Pour vous rabattre le caquet,
Je pourrais moi-même le dire.

PIERROT.

J'endève. (*Haut.*) Hé, ma petite Gogo, rendez-le moi, vous serez bien gentille, et je vous aimerons bien.

GOGO.

Comme il veut m'engeoler !

PIERROT *dépité.*

Voulez-vous bian me donner mon bouquet ? A la fin je me fâcherai.

GOGO.

Prr.... qu'il est méchant !

PIERROT.

Je l'aurai bien malgré vous.

GOGO, *en cachant le bouquet.*

Ah ouiche! ah ouiche!

PIERROT.

Nous allons voir.

GOGO.

AIR: *De la besogne.*

Je m'en vais tout le chiffonner,
Plutôt que de vous le donner.

PIERROT, *prenant le bouquet de Gogo.*

Hé bian! vous n'aurez pas le vôtre,
Que vous ne m'ayez rendu l'autre.

GOGO.

Ah! ah! Monsieur Pierrot, vous me prenez donc mon bouquet. C'est fort joli!

PIERROT.

Rendez-moi le mien.

GOGO.

Oui, oui, vous faites fort bien; je ne demandais que ça. Adieu, Monsieur Pierrot, vous aurez de mes nouvelles.

PIERROT.

Écoutez, écoutez donc.

SCÈNE IX.

Madame RAPÉ, Madame FROMENT, PIERROT.

Mad. RAPÉ.

Pierrot? Pierrot?

PIERROT, *les apercevant.*

Bon en vlà d'autres à st'heure.

Mad. FROMENT, *à Madame Rapé.*

Ah! ah! Pierrot, Pierrot, je vous y prends encore. Qu'il me suive, j'ai affaire de lui.

Mad. RAPÉ.

Non, non, qu'il reste; j'ai deux mots à lui dire: vous avez renoncé à lui tantôt en présence de Monsieur le Tabellion.

Mad. FROMENT.

Oui, oui, j'y ai renoncé, et vous aussi.

Mad. RAPÉ.

Ça est vrai; mais toutes réflexions faites, je me trouve dans la volonté de remplacer le défunt.

AIR: *Un peu d'aide fait grand bien.*

Seul il menait mon commerce;
Depuis sa mort je l'exerce,

Mais j'ons du mal comme un chien :
Il faut qu'à tout je réponde,
J'ai besoin qu'on me seconde :
Un peu d'aide fait grand bien.

Mad. FROMENT.

Je vous vois venir.

Mad. RAPÉ.

Comme il n'y a que Pierrot dans le village, vous voyez bian que je suis obligée de le prendre.

(*Elle tire Pierrot à elle.*)

PIERROT.

C'est fort commode.....

Mad. RAPÉ.

Vous direz et vous ferez tout ce qu'il vous plaira.

Mad. FROMENT.

Oui, c'est comme çà ? Oh ! je vous approuve : il est juste que vous souteniez votre hôtellerie.

AIR : *Tu n'as pas le pouvoir.*

Pour empêcher le décri
Il vous faut un mari ;
Ma sœur, il m'en faut un aussi,
Et je prends celui-ci.

(*Elle tire aussi Pierrot de son côté.*)

PIERROT.

Me v'là pris des deux côtés.

Mad. FROMENT.

Vous direz aussi tout ce que vous voudrez.

LE COQ DE VILLAGE,

AIR : *Oh là, Jean! voir.*

Pierrot, qu'est-ce qui t'arrête ?
Confonds-la ; déclare-toi.
Il sera tous les jours fête.
Quand j'aurai reçu ta foi :
Plus content qu'un petit roi,
Tu seras chez nous le maître,
Tu voudras nuit et jour être
    Près de moi.

Mad. RAPÉ.

AIR : *Dans nos vignes vignettes.*

Un bon ménage je ferons ;
Dans nos vignes tous deux j'irons :
Soir et matin je danserons
    Dans ces vignes vignettes,
    Dans ces vignes vignons,
    Allons donc, violons,
    Violettes,
Dans ces vignes je danserons.

Mad. FROMENT.

AIR : *Mon berger, je ne puis, sans vous, mener mes moutons paître.*

Le soir après le labourage,
    Tu te referas,
    D'un poulet bien gras,
Accompagné d'un bon potage ;
De ta peine j'aurai pitié :
    Si tu fais trop d'ouvrage,
J'en ferai, par bonne amitié,
    Du moins la moitié.

Mad. RAPÉ.

AIR: *Toujours va qui danse.*

L'argent ne te manquera pas,
Tu feras de la dépense;
Bonne chère à tous les repas,
Du vin en abondance;
Mon ami par-dessus tout ça,
Grande réjouissance,
La, la, la, la, la, la, la, la,
Toujours va qui danse.

Mad. FROMENT.

Ah! ah! ah! v'là une drôle de mijaurée, pour faire tant la renchérie !

PIERROT, *bas.*

Esquivons nous pendant leur débat.

Mad. FROMENT et Mad. RAPÉ,
ensemble en se saisissant de Pierrot.

Mad. FROMENT.

Vous êtes une impertinente. Je ne céderai point Pierrot, et je l'étranglerais plutôt.

Mad. RAPÉ.

Vous avez beau dire, tout ci, tout ça; j'aurai Pierrot, dussiez-vous en crever de dépit.

PIERROT.

Au secours ! Miséricorde !....

SCÈNE X.

MATHURINE, PIERROT, Madame FROMENT, Madame RAPÉ.

MATHURINE.

Qu'est-ce qu'il y a? Queu tapage vous faites?

PIERROT.

On m'étrangle à force d'amiquié.

Mad. FROMENT.

Suis-je obligée d'endurer les sottises d'une cadette?

Mad. RAPÉ.

Dois-je souffrir les arrogances d'une aînée?

MATHURINE.

La, là, tout doux, patience. Faut-il se chamailler comme ça? Tenez, on me dirait toutes choses au monde que je ne m'en échaufferais pas davantage.

Mad. FROMENT ET Mad. RAPÉ.

Elle veut épouser Pierrot.....

AIR: *Ah Madame Anron.*

Oh! j'aurai Pierrot;
Oui je veux tantôt
Terminer l'affaire!
Oh! j'aurai Pierrot;
Il m'est nécessaire,
C'est mon vrai ballot.

MATHURINE.

Moi je dis en un mot,
Moi je dis en un mot,
Que s'il ne me préfère,
Il ne sera qu'un sot.

TOUTES TROIS ENSEMBLE.

Oh! oh! oh! oh! oh!
J'aurai Pierrot,
Il m'est nécessaire :
C'est mon vrai ballot.

SCÈNE XI.

MATHURINE, PIERROT, Madame FROMENT, Madame RAPÉ, COLETTE, FILLES DU VILLAGE.

COLETTE.

AIR : *Il est pourtant temps, pourtant temps.*

C'est moi qui prétend,
Qui prétend, tant, tant,
C'est moi qui prétend
L'avoir à l'instant.

PIERROT.

Je suis perdu ! Ah ! mon parrain, venez vîte ; v'là tout le village qui veut m'épouser malgré moi.

SCÈNE XII.

MATHURINE, PIERROT, Madame FROMENT, Madame RAPÉ, COLETTE, LE TABELLION.

Mad. FROMENT.

Monsieur le Tabellion, c'est une chose décidée; il faut qu'il soit mon mari : vous savez bien ce que je vous ai proposé.

Mad. RAPÉ.

Vous vous souvenez bien de ma promesse ; il est temps de me servir.

MATHURINE.

AIR : *Chacun à son tour.*

De quel droit osez vous, mesdames,
Démander Pierrot pour époux ?
Puisque vous avez été femmes,
De votre sort contentez-vous.
C'est voler l' bien d'une fillette,
Vous avez jadis fait l'amour :
 Chacune à son tour,
  Liron, lirette,
 Chacune à son tour.

Mad. FROMENT.

Je lui fais des avantages qui le détermineront.

Mad. RAPÉ.

Peut-il choisir un meilleur parti que moi ?

MATHURINE.

AIR: *Tambourin de Jephté.*

Pierrot aujourd'hui
N'est plus à lui,
C'est mon systême,
Nous avons nos droits;
Il ne peut faire un pareil choix.

COLETTE.

Pierrot, en effet,
Pour nous est fait,
Non pour lui-même.

COLETTE ET MATHURINE.

Perdez tout espoir,
Nous prétendons l'avoir.

PIERROT.

Mon parrain, ajustez donc ça; je ne puis pas les épouser toutes.

LE TABELLION.

Laissez du moins à Pierrot la liberté du choix.

MATHURINE.

Non, non, cela ferait des jalouses; il faut, entre nous autres filles, que le sort en décide.

LE TABELLION.

Attendez.

AIR: *Ces filles sont si soties.*

Cela me fait naître d'abord
Un projet qui vous plaira fort.

Mad. FROMENT.

Quel est-il, je vous prie?

LE COQ DE VILLAGE,

LE TABELLION.

C'est qu'il faut, dès ce même jour,
Faire une Loterie d'amour,
Faire une Loterie.

Chacune tirera son billet elle-même.

Mad. FROMENT.

Mais...

LE TABELLION.

Laissez-moi dire. Il est juste que les filles aient la préférence ; mais je veux rendre toutes choses égales : comme Pierrot n'est pas riche, j'imagine un moyen de lui faire une dot, qui le rendra plus agréable à celle qui l'aura.

PIERROT.

Comment donc, mon parrain ?

LE TABELLION.

Paix, Pierrot.

AIR: *Tâtez-en, tourelourirettes.*

Ce point est de grande importance,
Celle à qui tournera la chance
Aura Pierrot et le profit ;
Pour tirer comme ces fillettes,
Financez, tourelourirettes,
Si le cœur vous en dit.

Commencez, Mesdames, par donner chacune cinq cents livres pour acheter ce droit.

MATHURINE.

Soit ; nous les recevons à cette condition-là.

Mad. FROMENT.

Vous vous moquez, monsieur le Tabellion!

Mad. RAPÉ.

Mais, mais, mais!

LE TABELLION.

Il faut en passer par-là.

Mad. RAPÉ.

S'il le faut absolument, j'en avons le moyen.

Mad. FROMENT.

AIR : *Le seul flageolet de Colin.*

Pour obtenir un droit si beau,
Ce n'est pas une affaire.

COLETTE.

Moi, je n'ai rien que mon troupeau ;
Mais il m'est nécessaire.

MATHURINE.

Moi, je n'ai rien que mon trousseau,
Avec mon savoir-faire.

LE TABELLION.

On ne taxera point les filles, en faveur de leurs priviléges : consentez-vous à ce que je propose ?

TOUTES.

Oui.

PIERROT, *bas au Tabellion.*

Mais Thérèse ?

LE TABELLION, *bas à Pierrot.*

Taisez-vous, petit sot. (*Haut.*) Allez donc vous

arranger pour cela ; vous viendrez chez moi signer les conventions : ne tardez pas.

Mad. RAPÉ.

J'y suis dans l'instant. Sans adieu, Pierrot.

Mad. FROMENT, *à Pierrot*.

Vois ce que je risque pour toi.

(*Toutes se retirent en faisant des caresses à Pierrot.*)

SCÈNE XIII.

PIERROT, LE TABELLION.

PIERROT.

Vous voulais donc qu'on me tire au sort ; mon parrain : hé ! que deviendra Thérèse ? Je lui ai dit enfin que je l'aime ; elle pense itou qu'elle m'aime.

AIR : *Il était un Moine blanc.*

J'avons un amour ardent
Qui s'augmente à chaque instant :
Si je n'en faisions usage,
Ce serait un grand dommage.

LE TABELLION.

Je crains que cet amour-là ne te porte malheur.

PIERROT.

Oh! tous les malheurs du monde ne sont rien auprès du plaisir qu'on a d'aimer Thérèse! Si l'on prétend m'en donner une autre, j'enverrai tout au berniquet : arrangez-vous là-dessus.

LE TABELLION.

Ne désespère de rien, le sort peut tomber sur elle; envoie-la moi sitôt que tu la verras; mais surtout prends garde de ne point faire soupçonner ton amour à ses tantes.

PIERROT.

Passe pour ça, je vas la charcher.

SCÈNE XIV.

PIERROT.

AIR : *Charivari de Ragonde.*

Des veuves je crains la tendresse :
A leur âge prendre un mari,
Charivari, charivari.
Chaque fille aussi me caresse;
Et, pour m'avoir, fait à l'envi
Charivari, charivari.
 Si je n'ai ma maîtresse,
 Moi, je vais faire aussi
Charivari, charivari.

La voilà qui arrive : ne l'envoyons pas tout d'abord à mon parrain,

SCÈNE XV.

PIERROT, THÉRÈSE.

PIERROT.

Air : *Ma Bergère sur la fougère.*

Ah ! Thérèse,
Que je suis aise,
Quand je vois
Votre minois !
Du moment que je l'aperçois,
Tout le chagrin que j'ai s'appaise.
Ah Thérèse !
Que je suis aise,
Quand je vois
Votre minois !

THÉRÈSE.

Est-ce que vous aviez du chagrin ?

PIERROT.

Oui. Toutes les femelles d'ici avont envie de moi, et moi je n'ai envie que de vous.

THÉRÈSE.

Air : *Ah ! mon mal ne vient que d'aimer.*

Les plus riches vous font la cour ;
Elles attendent du retour :
Comment me flatter, en ce jour,
D'avoir la préférence ?
Moi qui n'ai rien que mon amour,
Avec mon innocence.

OPÉRA COMIQUE.

PIERROT.

Air du Vaudeville de *l'Isle des Talens*.

Votre biauté, ma chère,
Vous met à leur niveau.

THÉRÈSE.

Qui, moi simple bergère,
Moi qui ne sait rien faire
Que soigner un troupeau ?

PIERROT.

Le talent le plus beau
Est le talent de plaire.

Ah ! Thérèse, la jolie chose que de s'aimer ! Depuis que je vous ai ouvert mon cœur, je sis tout autre.

Air : *Ingrat Berger, qu'est devenu*.

Je pense mieux, je parle mieux.

THÉRÈSE.

Moi, loin de fuir, j'écoute.

PIERROT.

Vous m'animez par vos biaux yeux.
La première fois coûte.

Mais tenez, Thérèse,

Quand on a dit un mot d'amour,
On en veut parler nuit et jour.

THÉRÈSE.

Avez-vous vu monsieur le Tabellion ?

PIERROT.

Oui. Il s'est avisé d'une drôle de chose : il fait une

loterie ; c'est moi qui serai le gros lot. Les filles tireront comme à la milice, et stella qui attrapera le billet noir, m'aura.

THÉRÈSE.

Vous aura....?

PIERROT.

Oui, avec l'argent de la loterie, à ce que dit mon parrain ; mais je sais qu'en penser, moi. Il faudra toujours que vous y mettiez un billet : mon parrain veut vous parler pour ça.

AIR : *On n'aime point dans nos forêts.*

Qu'avez-vous donc, mon cœur ?

THÉRÈSE.

Hélas !

PIERROT.

Cela vous rend triste et rêveuse.

THÉRÈSE.

Non, Pierrot, je n'y mettrai pas :
Je ne suis pas assez chanceuse.

PIERROT.

Thérèse, je serons heureux :
La fortune aide aux amoureux.

Allez, mon parrain est bon et sage ; et si vous ne gagnez pas, personne ne gagnera.

AIR : *Attendez-moi sous l'orme.*

Ne craignez rien, ma chère.

THÉRÈSE.

Quoi ! sans aucun égard,
Mon amitié sincère
Vous devrait au hasard ?

PIERROT.

Eh bien ! quoiqu'on en gronde,
Je vous préférerons ;
Oui, malgré tout le monde,
Je nous épouserons.

THÉRÈSE.

On nous en empêcherait bien, et je suis trop sage pour m'attirer des reproches. Adieu, Pierrot.

PIERROT.

Faut-il comme ça jeter le manche après la coignée ? un peu de patience.

THÉRÈSE.

On ne permettra pas que je sois à vous. Pourquoi vous ai-je vu ? Oubliez-moi, et me rendez le bouquet que je vous ai donné tantôt : vous ne l'avez plus ?....

PIERROT, *embarrassé*.

Thérèse......

THÉRÈSE.

Qu'en avez-vous fait ?

PIERROT.

Thérèse, on me l'a pris.

THÉRÈSE.

Et vous l'avez laissé prendre? Allez, je vois bien que vous ne me conserveriez pas mieux votre cœur.

AIR: *Non, vous ne m'aimez pas.*

De mon bouquet, volage,
Vous avez fait présent;
Et celui-ci, je gage,
Vous plaît mieux à présent.

PIERROT.

Non, pour donner le vôtre,
J'en faisais trop de cas.

THÉRÈSE.

Vous en avez un autre.
Ah! vous ne m'aimez pas!....

PIERROT.

Écoutez-moi.

THÉRÈSE.

Je n'écoute rien. Je vais trouver le Tabellion; mais c'est pour lui dire que je ne suis pas de sa loterie, et que je renonce pour jamais à un perfide comme vous. (*Elle s'enfuit.*)

SCÈNE XVI.

PIERROT, seul.

Thérèse?.... Thérèse?... C'est Gogo.... Elle s'enfuit tout de bon. Que je suis malheureux!

Air: *J'ai perdu ma liberté, sans cesse je soupire.*

>Comment sortir d'embarras?
>Ah! je me désespère!
>Je me vais, la tête en bas,
>Jeter dans la rivière.
>Non, je ne verrai plus, hélas!
>Les yeux de ma bergère.

SCÈNE XVII.

PIERROT, MATHURINE, UNE FILLE qui bat le tambour.

PIERROT.

Oh Ciel! V'là les filles qui s'assemblent.

MATHURINE.

Air: *Entre vous, jeunes filles qui êtes à marier, ô gué!*

>Qu'ici toutes les filles
>S'assemblent promptement,
>Raplan.

Laides commes gentilles
Ont droit également,
Raplan.
Accourez au son du tambour,
Accourez dans ce beau séjour,
On doit à la milice d'amour,
Chacune en ce jour,
Tirer à son tour.

SCÈNE XVIII.

LE TABELLION, PIERROT, THÉRÈSE, Mad. RAPÉ, Mad. FROMENT, MATHURINE, FILLES DU VILLAGE.

PIERROT, *bas au Tabellion.*

Ah! mon parrain, si vous n'avez pitié de moi, je suis mort.

LE TABELLION, *bas à Pierrot.*

Encore! Ne t'avise pas de faire le mutin, si tu ne veux perdre entièrement l'espérance d'être à Thérèse.

PIERROT.

Voyons donc jusqu'où cela ira.

LE TABELLION, *bas à Thérèse.*

Vous, n'ayez plus de colère contre Pierrot, et faites ce que je vous ai dit. (*Haut.*) Allons, tout est prêt; il y a dans ce chapeau autant de billets que vous êtes d'aspirantes.

AIR : *Suivons, suivons, tour à tour, Bacchus et l'Amour.*

Tôt, tôt, que toutes s'avancent,
Que l'on n'ait point de débats :
Çà, que les filles commencent,
En faveur de leurs appas :
La jeunesse, en pareil cas,
　　Doit avoir le pas.

AIR : *Fi de la loterie.*

Cette loterie
Sera sans tricherie.
　　Tirez, je vous prie,
Chacune à votre rang.
　　Allons, Claudine,
　　Vous, Mathurine.

PIERROT, *à part.*

On m'assassine.....

MATHURINE, *ouvrant son billet.*

J'ouvre en tremblant,
Hélas ! j'ai pris un billet blanc.

Mad. FROMENT, *regardant les billets des autres.*

Ceux-ci sont de même.

Mad. RAPÉ.

Ça va bien.

LE TABELLION.

A vous, Thérèse.

PIERROT, *à part.*

Nous y voilà.....

LE TABELLION,

AIR : *T'a-t-il tâté les tétons ?*

A la loterie amoureuse,
Venez tirer, ma belle enfant ;
Nous allons voir à l'instant
Si vous avez la main heureuse.

PIERROT, *bas à Thérèse.*

Tâchez d'amener Pierrot,
Vous n'aurez pas un mauvais lot.

THÉRÈSE.

AIR: *Nanon dormait.*

Non, non, monsieur,
Il n'est pas nécessaire.

LE TABELLION.

Quelle froideur!

THÉRÈSE.

Un autre sait lui plaire.

PIERROT, *bas à Thérèse.*

Vous me désespérez.
Tirez, tirez;
Mon cœur me dit que vous m'aurez.

Mad. FROMENT.

Elle ne veut point; cela suffit.

Mad. RAPÉ.

Cela ne doit pas arrêter.

LE TABELLION.

Pardonnez-moi; il faut que toutes les filles tirent avant vous : on est convenu de cela; et Thérèse fera comme les autres.

MATHURINE.

Sans doute, il ne faut pas qu'elle laisse empiéter sur nos droits.

Mad. FROMENT.

Dépêchez, dépêchez donc, puisqu'il le faut.

Mad. RAPÉ.

C'est bien nécessaire.

LE TABELLION.

AIR : *Dans notre village, chacun vit content.*

>Allons donc, ma fille,
>Pourquoi faire ainsi ?
>Approchez ici.
>N'êtes-vous pas assez gentille
>Pour tirer aussi ?
>Pour tirer aussi ?

THÉRÈSE.

Hé bien, j'obéis ; mais je ne veux pas seulement regarder le billet.

(*Elle le déchire avec ses dents.*)

LE TABELLION.

AIR : *Je n'en dirai pas davantage.*

>Arrêtez donc.

PIERROT.

>Que faites-vous ?
>Vous me portez les derniers coups.

LE TABELLION, *frappant du pied.*

Pierrot ?

PIERROT.

C'est le gros lot qu'elle déchire.

MATHURINE.

Il faudra donc que l'on retire ?

LE TABELLION.

Non, non, Thérèse, ne renonce à rien.

LE COQ DE VILLAGE,

PIERROT, *bas.*

Al' soupire ; ça me donne un peu courage.

LE TABELLION, *bas aux veuves.*

Vous ne voulez pas que l'on recommence ? Il y aurait bien plus de risque pour vous.

Mad. FROMENT.

Vous dites bien. Continuons.

Mad. RAPÉ.

Ma sœur, entre nous le débat. Je tire avant vous, comme cadette. (*Tirant un billet.*) Stici sera bon.

A I R : *Ah ! que Colin l'autre soir me fit rire !*

Pierrot n'est dû qu'à ma vive tendresse ;
J'en ons déjà le cœur plein d'allégresse.

(*Elle ouvre le billet.*)

Ah ! juste Ciel ! Que vois-je là ?

Mad. FROMENT, *riant.*

Ah ! Ah ! Ah ! Ah ! etc.

Mad. RAPÉ.

Je suis au désespoir.

LE TABELLION.

Il n'y a plus qu'un billet.

PIERROT.

A I R : *J'ai demandé à ma mère.*

C'est ce dargnier qui décide
De ma vie ou de ma mort.

Mad. FROMENT.

Le tendre amour qui me guide,
Pour moi fait pencher le sort.

LE TABELLION.

Nous l'allons bientôt voir.

Mad. FROMENT, à Pierrot.

C'est moi qui vas t'avoir.
Dans ce charmant espoir,
Je pâme d'aise.

(*En ouvrant son billet.*)

Ah! Je n'ai pas le billet noir.

LE TABELLION, PIERROT, Madame RAPÉ, MATHURINE, *ensemble.*

C'est donc Thérèse?

PIERROT.

C'est elle!..... Que je sis joyeux!

Mad. FROMENT.

Comment donc, petit perfide!

PIERROT.

Dam', oui, c'est Thérèse que j'aime. Mon parrain, vous me permettez de dire à présent tout ce que je pensons? Ma chère amie,

Air: *Mon honneur allait faire naufrage.*

Le soupçon à tort vous effarouche.
J'ai pour vous une fidèle ardeur.
Par piquié, que mon amour vous touche.

THÉRÈSE.

Votre excuse est moins dans votre bouche,
Que dans mon cœur.

Si mes tantes consentent que je vous épouse.....

LE TABELLION.

Il faut bien qu'elles y consentent.

SCÈNE XIX, et dernière.

LE TABELLION, PIERROT, THÉRÈSE, Mad. RAPÉ, Mad. FROMENT, MATHURINE, FILLES DU VILLAGE, GOGO.

GOGO.

Doucement; je m'y oppose, moi. Tout ce que monsieur le Tabellion vient de faire là ne vaut rien; et je cherchais ma tante et ma mère pour leur apprendre la tricherie.

LE TABELLION.

Que veut-elle dire?

GOGO.

Oui, oui; il n'y avait que des billets blancs dans sa loterie. Il disait à ma cousine : Thérèse, faites semblant d'être encore fâchée contre Pierrot, et déchirez le billet que vous tirerez, sans l'ouvrir, afin qu'on croie que c'est le noir qui vous est échu.

LE TABELLION.

Ah! le petit serpent!

GOGO.

Ils ne savaient pas que je les écoutais.

Mad. FROMENT.

Puisqu'il y a de la tricherie, recommençons.

GOGO.

Non, non, c'est moi qui épouse Pierrot.

Air: *Amis, sans regretter Paris.*

Il m'appartient, en vérité.

Mad. RAPÉ.

Eh! pourquoi donc?

GOGO.

Oh! dame.

Il est dans la nécessité
De me prendre pour femme.

Mad. FROMENT.

Qu'est-ce que cela signifie?

PIERROT.

Pargué, je n'en sais rien.

GOGO.

Air: *Voilà comment, sans le savoir.*

J'ai des droits sur sa personne;
Il me doit sa foi: qu'il me la donne.

Mad. FROMENT.

Comment donc, petite friponne!

GOGO.

Il m'a pris mon bouquet, vraiment.

LE TABELLION.

Bon, bon; ce n'est qu'un badinage.

GOGO.

Voilà comment,
Sans le savoir,
Sans le vouloir,
On s'engage.

Air: *Vous me l'avez dit, souvenez-vous-en.*

Un beau jour, dans son corset,
Pour avoir pris un bouquet,
Mon père épousa maman;
Vous me l'avez dit, souvenez-vous-en.
Que l'on m'épouse à l'instant,
Car on m'en a fait autant.

PIERROT.

Pourquoi m'a-t-elle arraché celui de Thérèse ? C'est elle au moins....

LE TABELLION.

Vous voyez bien que c'est un enfant qui parle.

Mad. FROMENT.

Retirez-vous, petite fille.

GOGO.

Mais, ma mère....

Mad. FROMENT.

Vous osez répliquer !....

GOGO, *en s'en allant.*

Allez, c'est bien injuste de m'empêcher de faire comme vous.

Mad. RAPÉ.

Il faut que l'on tire de nouveau,

OPÉRA COMIQUE.

Mad. FROMENT.

Je le prétends bien.

MATHURINE.

C'est mon avis.

PIERROT.

Ce n'est pas le mien. Gnia qu'à leur rendre tout ce qu'alles ont donné ; mais je garde Thérèse.

AIR : *L'autre jour, dessous un ormeau.*

Je m'engage à toi pour jamais,
Sois-moi constante :
De leurs biens et de leurs attraits,
Rien ne me tente :
Tu vas m'en dédommager.
Sans vignes ni vergers,
J'aurons l'ame contente.
Mes trésors et mon bonheur
Sont au fond de ton cœur.

Si l'on me chicane encore, j'irai si loin que l'on ne me reverra jamais.

LE TABELLION.

Ne crains rien, Pierrot ; j'ai leurs signatures, et les mille francs qu'elles ont donnés, sont ce qui revient à Thérèse.

Mad. RAPÉ.

Je ne vous aurais jamais cru capable d'un pareil tour.

Mad. FROMENT.

Qu'ils se marient, mais qu'ils ne se présentent plus devant moi. Vous êtes un grand fripon, monsieur le Tabellion.

LE COQ DE VILLAGE, etc.

PIERROT.

AIR: *Ici je fonde une abbaye.*

C'est à ce coup que je suis aise.

THÉRÈSE.

Ah! que mon cœur est satisfait!

MATHURINE.

J'aimons mieux qu'il soit à Thérèse,
Que de le perdre tout-à-fait.

LE TABELLION.

Allons, mes enfans, faisons la noce, et que l'on célèbre le Coq du village.

FIN DU TOME SECOND.

TABLE DES PIÈCES

CONTENUES

DANS LE SECOND VOLUME.

Pag.

Isabelle et Gertrude, ou les Sylphes supposés, Comédie en un Acte, mêlée d'ariettes. 5

La Fée Urgèle, ou ce qui plaît aux Dames, Comédie en quatre Actes, mêlée d'Ariettes. 63

Les Moissonneurs, Comédie en trois Actes et en Vers, mêlée d'Ariettes 131

La Rosière de Salenci, Comédie en trois Actes, mêlée d'Ariettes. 231

Le Coq de Village, Opéra-Comique. . . 341

FIN DE LA TABLE.

www.ingramcontent.com/pod-product-compliance
Lightning Source LLC
Chambersburg PA
CBHW070931230426
43666CB00011B/2402